그 존재만으로

행성 위기, 비인간,
돌봄, 장애에 관하여

그 존재만으로
행성 위기, 비인간, 돌봄, 장애에 관하여

초판 1쇄 인쇄	2025년 10월 22일
초판 1쇄 발행	2025년 10월 27일

지은이	우석영
본문 디자인	디자인오팔
표지 디자인	김유경
펴낸곳	종이와빵
등록	제2024-000114호
주소	서울시 마포구 연희로 11. 5층 CS-531
이메일	thehouse.ws@gmail.com
인스타그램	wisdom.shelter
ISBN	979-11-990295-3-8 (03100)

* 종이와빵은 산현재 출판사의 브랜드입니다.

행성 위기, 비인간, 돌봄,
장애에 관하여

그
존재만으로

우석영

 종이와빵

물건들, 그건 사람을 건드리면 안 돼. 그건 살아 있지 않잖아.
사람이 물건들을 사용하고 다시 제자리에 놓지.
사람은 물건들 사이에서 사는 거야.
물건들은 유용해, 그게 다라고.
그런데 나를, 물건들이 나를 건드려. 견딜 수 없는 일이야.
마치 물건들이 살아 있는 동물이기라도 한 것처럼 말야.

─장 폴 사르트르, 《구토》

우리의 운명은 아마도 사물의 내면을 여행하고 경험하고자
하는 갈망과 연관되어 있을 것이다.

─브라이언 스윔, 메리 에블린 터커, 《우주의 여행》

성인聖人은 언제나 물物을 잘 구해준다.
그리하여 버리는 물物이 없다.

―《노자》

만물과 함께 봄을 맞이한다.

―《장자》

차례

서문	비인간이라는 귀신을 찾아서	11
1장	**리베라**	45
	인류세, (인간)기술권, 사물의 범람, 인간의 진화	
2장	**자코메티**	71
	외로움과 웅성거리는 사물들	
3장	**마티스**	105
	화이트헤드의 사물 철학	
4장	**보나르**	141
	지구에는 돌봄이 무성하다	
5장	**뒤러**	169
	밥상에 온 신령한 것들	
6장	**조선 사발**	199
	우주는 중고물로 가득하다 —쓰레기, 오물, 장애, 와비사비, 수리의 철학	
참고문헌		232
주석		236

서문

비인간이라는
귀신을 찾아서

1.

하나의 귀신이 인간을 쫓아다니고 있다—**비인간**非人間non-human이라는 귀신이. 이 인간 아닌 자들이 인간세계 안팎을 유랑하며 인간을 쫓아다니고 있다. 21세기인의 결정적 정체성은 **쫓기는 자**이다. 인류 전체가 쫓기고 있다.

그러나 비인간 개념, 그와 대별되는 인간 개념은 유효할까? '비인간'이라는 개념조차 인간중심적인 개념이라는 주장도 있다. 하지만 '인간을 뺀, 세계의 나머지', '인간 아닌, 세계의 모든 존재물'을 어떤 용어로든 생각해보는 일은 오늘날 긴요하다. '**인류세**Anthropocene'라는 말로 압축 표현되는 작금의 시대는 인간이 과잉 행위자가 되어 문제인 시대이기 때문이고, 우리 자신이 인간으로 태어났기 때문이다. 우리가 지금 인간이라는 이유만으로도 비인간을 논해야 하는 당위는 충분히 성립한다.

인류세는 인간력이 (지구의) 자연력을 압도하여 지구 지질질서와 지구 시스템을 변형하는 지구 시스템 행위자가 된 시대를 뜻한다. 코페르니쿠스 기후변화국(C3S)의 측정에 따르면, 2024년 지구평균 온도는 산업화 이전 시대 대비 1.6도 상승한 수치였다. 그러나 이러한 기후변화는 요한 록스트룀, 윌 슈테펜 연구진이 제시한 9가지 지구 행성 경계[한계선] 가운데 하나의 요소일 뿐이다. 2025년 기준, 9개 행성 한계선 중 7개가 돌파된 것으로 밝혀졌다. 지구 행성 한계선의 돌파는 지구적 경제의 무제한적 자기 확대 운동을 방증한다. 그러나 이것을 운동이라고 말하기보다는 전쟁이라고 말해야 실상에 가까울 것이다. 지난 수백 년간 인류는 자연과 전쟁을 벌여왔다(백인 남성이 이끄는 자본이 이 전쟁의 주체라고 말할 수 있겠지만, 20세기 후반기에는 다수의 인류가 이 전쟁에 직간접적으로 참여했다). 2021년 기준으로 여전히 야생으로 남아 있는 지구의 표면은 고작 19%에 지나지 않는데(제러미 리프킨 2024: 182), 이 전쟁의 결과물을 상징적으로 보여주는 지표로 보인다. 인간이라는 귀신은 너무 오래, 너무 집요하게 비인간을 쫓아다녔다.

극즉반極卽反. 극에 도달하면 새 흐름이 생기기 마련인 법. 비인간을 쫓아다닌 인간이 비인간에게 쫓기는 시간은 그렇게 도래했다.

그러나 이 쫓김 속에서도 여전히 인류는 퇴각할 줄을 모른다. 비인간에게 쫓기고 있는 이 지경에서조차 인간은 비인간 쫓아다니기를 멈추지 못하고 있다. 그간 비인간을 너무도 집요하게 쫓았기에 그 결과 비인간에게 쫓기고 있는 신세임을 똑똑히 알아보지 못하는 탓이다. 따라서 비인간의 현실과 처지를 말하는 일은 여전히 필요하다.

그러나 인간/비인간 절단선은 오직 부분적으로만 의미 있다. 인간/비인간 범주는 추상적으로만, 개념적으로만, 분류학상으로만 의미 있다. 실재의 물리적 세계에서 인간과 비인간은 언제나 이미 미분리 상태에 있기 때문이다. 인간이라는 개체,

인간이라는 집단의 안과 밖에 비인간 존재는 득시글댄다. 아니, 이런 식의 서술은 실상을 왜곡한다. 인체에만 독특하게 있는 물질은 존재하지 않으며(즉, 인체는 오직 비인간 물질로만 채워져 있으며), 모든 인체는 비인간적 힘과 물질의 장에서 단 한 순간도 분리된 적이 없다.

우리가 처음부터 처해 있었던 이 상황을 좀 더 정확히 이해하기 위해 공리 또는 전제를 몇 가지를 뽑아내 써보면 다음과 같다.

1. 인간은 일종의 생물물리적인 운동 과정이다.
2. 인간의 몸 안에는 무수한 박테리아, 바이러스, 원생생물 등(비인간 유기 생물)이 살아가고 있고, 그런 점에서 인간의 몸은 일종의 공생체-생물군계다.
3. 인간의 몸은 다종의 광물 요소, 기체 요소, 물 요소, 생물 요소의 임시적 결합물이자 그 요소들이 함께 참여하는 중층적 운동 과정이다.
4. 인간의 몸은 지구를 구성하는 네 권역의 물질, 즉 비인간 물질로 구성되어 있다.
5. 인간 개체의 삶은 그것을 둘러싼, 지구적 규모의 생명의 장-운동 과정과 얽힌 채로만 가능하다.

인체를 이루는 세포 가운데 인간에게만 고유하게 있는 세포는 없다. 즉, 오직 비인간 물질들로만 인체는 구성되어 있다. 더욱이 인체의 마당에 비인간 물질은 끊임없이 침투해왔고, 그 결과 그것들과의 공생적 협력이 인체의 기본적인 자기 보존 양식이다. 이를테면 당신의 소화기관은 5천 종이 넘는 박테리아의 공동 서식지다. 입과 목구멍은 약 1,500종에 이르는 박테리아의 공동 서식지다(브로크만 2022: 188). 그뿐 아니라 기체 분자 같은 비인간 물질은 인체의 마당에 쉴 틈 없이 밀려든다. 인체 "안으로 흘러드는 사물, 유입inflows, 안으로 흘러들기flowings-in"는 모든 인체가 짊어져야 하는 운명이다. 지구에 태어났다는 것은 자전거에 올라탔다는 것을 뜻한다. 그러나 그 자전거는 죽기 전까지는 멈추지 않는 자전거다. 조금도 쉴 틈이 없이 "세계는 우리를 감염한다. (…) 무의식적으로 무차별적으로"(Morton 2023: 18). 맞는 표현이지만, 다소 불충분하다. 우리가 살면서 경험하게 되는 감염은 일방향적인 것이 아니기 때문이다. 한편으로 비인간적 힘과 물질은 인체 안으로 소산消散하고, 삼투滲透되며, 인체와 습합褶슴한다. 인체 자체가 반투막의 성격을 지닌, 구멍 숭숭 뚫린 물질이기 때문이다. 그러나 똑같은 이유로 인해 인체 안의 일부 원자는 바깥으로 소산하고, 삼투되며, 외부와 습합한다. 박테리아와 고양이가 그렇게 하듯, 인간도 다른 지구 곁숨들과 협력해 생물권과 가이아를 공생산하는 데 참여한다. 이 참여가 우리가 받은 삶의 기본값이다.

만일 한 인체를 중시하고 그것과 그것을 둘러싼 외계-장을 분리해 생각한다면, 둘은 의립依立(의존성립)의 관계에 있다고 말해야 한다. 인체는 그 외계-장에 의존해서만 성립되고 있고, 그 외계-장도 그 인체 그리고 그것과 비슷한 다른 신체들에 의존해서 성립되고 있다고. 하지만 둘은 어떤 경우, 어떤 시간에도 분리된 적이 없고, 분리될 수가 없으며, 따라서 '둘'이라고 말해서는 안 된다. 그러니 의립 역시 불완전한 표현이다.

각각의 표현은 불완전하다. 그러나 각각의 표현을 다 모으면 완전에 근접하게 된다.

그럼에도 인간의 외계-장 의립성은 충분히 강조될 필요가 있다. 인류가 그 외계-장에 의존하는 정도가, 그 외계-장이 인류에게 의존하는 정도보다 월등히 크기 때문이다. 인간은 그 인간 외적 장의 힘과 물질에 절대적으로 의존하는 생물(종)이라고 말해야 한다. 인류는 일종의 기숙자이며, 이런 운명은 회피할 수 없는 것이다.

그러나 역사의 어느 시점부터 인류 전체는 이 **인간 취약성**이라는 운명을, 이 운명의 직시를 회피해왔다. 아니, 이 운명의 회피, 이 직시의 회피가 역사의 어느 시점부터 가능해졌다.

2.

그 회피를 가능하게 한 것은 물론 기술물이었다. 사실 기술물에 관한 이야기가 들어가야 앞서 한, 인간/비인간에 관한 전체 이야기가 완성된다. 기술물을 포함하면, 앞에서 서술한 비인간, 비인간 외계-장 이야기에는 완연히 다른 색깔이 스민다. 기술물이 제외된, 위의 (1~5의) 공리는 15만 년 전이나 6만 년 전의 인류에게 적용 가능하지만, 오늘날의 인류에게 적용하기에는 너무도 구멍 숭숭 뚫린 이야기일 뿐이다. 그만큼 기술물은 오늘의 인간, 비인간, 지구, 인류세를 이야기하는 데 필수적이다.

21세기인을 정의하는 가장 적당한 용어는 아마도 '테크노 휴먼'일 것이다. 심대한 기술 의존 상태가 21세기인의 얼굴이다. 21세기인의 몸과 일상과 쾌락은 지구의 자기장과 중력장만큼이나 통신망과 전력망 덕분에 지속 가능하다. 21세기인은 온갖 기술장치를 통해 생산된 상품(자연과 인간의 하이브리드)을 사용하거나 섭취해서 복지를 확보하기 쉽고, 그 과정에서 또 다른 기술장치에 의존하기 쉽다.

만일 이 **기술-상품 연결망**이 일거에 사라진다면 어떨까? 냉장고와 보일러와 세탁기와 컴퓨터와 스마트폰, 통신망, 전력망, 에어컨, TV 등이 갑자기 전부 사라진다면? 페이스북도 인스타그램도, 넷플릭스도 스포티파이도, 구글도 챗GPT도 더는 없는 세계. 아마도 그런 세계에서 우리는 발가벗겨진 것 같은 느낌에 휩싸일 것이다. 그만큼 기술물은 이미 깊은 수준에서 테크노 휴먼이 된 우리에게 필수의 '**문명적 보철**'이 되고 말았다. 오늘의 인간에게 인터넷과 스마트 디바이스는 산소, 탄소, 질소 분자나 물 분자만큼이나 삶에 긴요하다―기술물과 인체의 강력한 얽힘이야말로 인류세를(또는 자본세를) 부단히 재건축하고 시대적 힘이다.

　　(인간)기술권technosphere은 바로 이 기술물-인체의 일체성과 그 위력을 드러내는 개념이다. (인간)기술권 개념의 주창자들은 이 새로운 권역이 암석권, 대기권, 수권, 생물권처럼 하나의 자율적 역학 시스템으로서 지구에서 작동하고 있다고 주장한다.

　　기술물의 장과 기술물에 얽힌 채 이런저런 상품을 사용하거나 소비하면서 우리의 필요를 충족하고 나면 남게 되는 물질들. 이런 것도 인류세에 주목을 요하는 중대한 비인간 존재물이다. 그것은 대체로 오염물(오물)이거나 쓰레기다. 기후재앙의 현실화 시나리오를 앞당기고 있는 과배출된 이산화탄소도 일종의 탄소 오염물이다.

　　문제는 플라스틱이나 핵폐기물, 이산화탄소 같은 특정한 오염물-쓰레기가 우리의 집과 도시 밖 어딘가에서 사라지지 않고 지구 어딘가에 강력한 흔적과 행위 효력을 남긴다는 사실이다. 그리고 그것은 어떤 식으로든 다시 우리의 집과 도시로 돌아온다. 우리가 내버린 플라스틱 쓰레기는 연어와 고등어의 몸에 미세플라스틱의 형태로 스며든 후, 우리의 입으로 돌아온다. 이산화탄소는 바다를 뜨겁게 하여 더 무시무시한 태풍, 가뭄, 산불, 습설과 우박, 혹한과 폭염이라는 꼴로 우리 각자의 처소로 돌아온다.

인간이 쫓아낸 것들이 기괴한 꼴의 귀신이 되어 인간 세계를 끝장낼 만큼의 괴력을 드러내며 인간이라는 이상한 귀신을 쫓아다니고 있다.

3.

인간을 쫓아다니고 있는 이 비인간 귀신은 정확히 어떤 것들일까? '비인간'은 인간 아닌 것을 뜻한다. 인간 아닌 것? 우리 은하, 태양, 블랙홀, 암흑 물질, 암흑 에너지, 중력파, 중력장, 자기장, 태양풍, 오로라도 비인간에 속한다. 인간을 뺀 지구, 핵과 맨틀과 14개의 지질구조판, 바람(기체 분자의 유동)과 물, 산과 바다와 강, 온실가스, 오존층, 제트기류와 해류는 어떤가? 각종 박테리아, 우산이끼와 지의류, 송로버섯과 참나무, 반달곰과 북극제비갈매기는? 옆집의 고양이와 강아지는? 가로수와 빌딩과 도로는? 책상과 컴퓨터는? 철과 아연 성분이 든, 우리 집 식탁에 있는 멀티비타민이나 오메가3 제품은? 지금 당신이 손에 들고 있을지도 모를 책이나 스마트폰이나 e-Book 디바이스는?

1919년에 발표된 기미독립선언서는? 2015년에 체결된 파리 협정은? 자코메티의 조각상은? 구겐하임 미술관 건물은?

비인간이라는 어망은 너무도 광활한 시공간을 두른다. 그러니 소설가 보르헤스가 〈또 다른 심문들〉(1952)에서 동물을 자기만의 방식으로 분류해서 미셸 푸코의 웃음보를 터뜨렸던 것처럼(Michel Foucault, 2022[1966]), 우리도 비인간 존재물을 우리만의 방식으로 창의적으로 분류해볼 필요가 있다. 그러나 주의하시길! 어디까지나 나는 소설가가 아니므로 보르헤스처럼 재치 넘치지 않는다는 타박의 대상이 되어서는 곤란하다.

우선, 이 책에서 나는 지구적 규모의 비인간 존재물들에게만 관심을 두려 한다. 이러한 전제에서 우리는 크게 두 범주의 존재물을 구별해볼 수 있다.

첫 번째 범주는 흔히 '자연물'이라고 간주될 만한 것이다. 우리의 생물 동료(세균, 원생생물, 균류, 식물, 동물이라는 5대 생물군)가 우선 여기에 해당한다. 아울러 비생물[무생물] 농묘(물, 기체, 식단이나 석유 같은 것, 마그마, 용암, 흙과 광물과 암석, 산, 숲, 강과 습지, 바다, 오로라, 태양광, 중성미자, 자기장, 중력장, 지질구조판, 맨틀, 핵 등) 역시 그렇다.

두 번째 범주는 '하이브리드'라고 불릴 만한 것이다. 한마디로 말해 인간의 손에 의해 변형되거나 제조된 것이다. 앞에서 인류세의 골칫거리를 기술물과 쓰레기와 오물이라고 했지만, 그것만이 우리 시대의 골칫거리는 아니다. 자연물 외에 인간이 자연물을 변형해 만든 사물들은 크게 다섯 가지 유형으로 분류해볼 만하다.

① 지구 시스템 과학자들이 9가지 지구 행성 한계선을 제시하면서 '신 물질novel entities'이라고 부른 각종 화학적 합성물, 미세플라스틱, 핵폐기물 같은 물질을 포함하여 (인간)기술권을 구성하고 있는, 물리적 형체를 갖춘 대다수의 물질들. 근대 기술문명의 산물의 대다수가 여기에 속한다. 발전소와 송전망, 풍력 터빈과 태양광 패널, 도로와 아스팔트, 시멘트, 인공위성과 항공기와 미사일, 탱크와 트럭과 선박, 철근 콘크리트 구조물, 컴퓨터와 케이블과 웹서버, 데이터 센터와 이동통신 기지국, 스마트폰과 스마트워치 등. 앞서 언급한 기술물, 쓰레기의 대다수, AI, 로봇도 물론 여기에 포함된다.

② 인류가 '제작하는 동물'로서 살아오면서 산업혁명 이전부터 제작해온 작고 큰 구조물들 가운데 비교적 빠른 시간에 자연에 재흡수되는 물질들. 즉, 옛 물질들old entities. 17세기에 나무와 돌로 지어진 한옥 고택을 떠올려보라. 동식물 등 생물 물질을 원료로 제작한 다양한 물질(인간이 유기물로써 합성한 유기물)도 여기에 포함되는데, 아마/대마 등 천연섬유로 만든 의복이나 천연성분의 의약품도 그 사례에 속한다. 하이브리드 사물이지만, 지구의 물질 순환, 생명 부양 운동에 쉽게 섞여들어 그

운동을 돕는 인공물들이다.

③ 인간이 길들여 변형한 생물. 즉, 유기물을 변형한 물질들이다. 가축, 양식어류, 농작물, 그리고 그것들의 변형체인 음식물이 여기에 속한다. 물론 음식물 가운데 일부는 변형이 거의 되지 않은 생물이다. 그러나 전반적으로 음식물은 그 원료를 일정하게 처리하고 가공해서 생산한 물질이자 인류가 길들인 생물의 변형물이라는 점에서 하이브리드에 속한다. 두부가 들어간 된장찌개나 노르웨이산 양식 연어 훈제 요리를 떠올려보라.

④ 인간 상상력과 창의력의 결과물. 예술작품 같은 것. 20세기 들어 기술물 자체를 예술작품으로 제시한 경우도 있고, 디지털 정보 형식을 띤 예술작품도 있다는 점을 생각해보면, 이 범주를 독자적 범주로 분리해도 좋은지 의문이 들기는 한다. 악보, 미술품, 문학작품, 영화 같은 영상물 등이 여기에 속한다.

⑤ 그 성격이 귀신스러운 것들. 우리의 손으로 그것을 만지기 어렵거나 우리의 눈에 잘 보이지 않기 때문이다. 전력, 전기신호, 전자신호, 인공 방사선(방사성 물질이 더 안정된 물질로 붕괴될 때 주로 발생하는 전자기파), 디지털 정보, 데이터, 소프트웨어 같은 것들이 여기에 속한다. 그러니까 (인간)기술권의 구성물 가운데 그 물질의 형식이 우리의 촉각과 시각에 상대적

으로 덜 감지되는 물질이 여기에 해당한다. 이 물질들의 일부는 인류세의 물질적 위협과 일정하게 관련되어 있지만, 물질적 위협으로 우리에게 다가오지는 않는다.

이 책의 관심사는 이 다섯 유형의 하이브리드, 그리고 자연물 모두를 아우른다. 하지만 이 책에서 중시되는 비인간은 21세기인의 삶에 '중요한' 존재물들, 그리고 21세기인들이 '중요한 것'으로 여기는 존재물들이다.

4.

이 책에서 나는 세 유형의 '중요한' 비인간 존재물에 특히 집중한다. 첫째 유형은, 인간을 둘러싸고 있는 외계-장의 구성물로서의 비생물 존재물이다. 이들에게 내가 관심을 두는 이유는, 실은 그것들이 개인이 접촉하는 물질의 장을 구성하는 일차적 사물들이기 때문이다. 그것은 인체에 가장 긴요한 '보생명'이고, 그 보생명이 운동하는 운동의 장이기도 하다. 사실 이 비생물적 외계의 장은 모든 생물의 생명 활동을 돕는 조력자-장이다. "하나의 복잡한 비유기적인 상호작용 시스템이 '완전히 살아 있는' 결합물의 보호를 위해 건축되어 있다"(Whitehead 1978: 103)고 봐야 한다. 비유기적인 사물들로 된 조력자-장을 나라는 신체를 중심으로 생각하면, 내 신체가 담긴 **해양**이라고 해도 될 것이다.

흥미로운 것은 이 해양을 구성한 물질들이 인체를 구성하는 물질들과 같다는 것이다. 그 점에서 그 물질들은 사실 인간의 동족이라고 말해야 적절하다. 그 물질의 기원이 우주라는 점에서 그것들은 우주적 동족이지만, 그 물질이 지구라는 장에서 공존이라는 사건에 관여한다는 점에서는 지구적 동족이다. 만일 인간이 우주사의 전개 과정에서 출현한, 지구와 함께하는 우주의 여행자라면 바람(운동하며 흐름을 이루는 기체 분자)과 물은 우리와 그 여행을 함께하는 여행의 동반자들이다. 그들과 함께만 우리는 우주적 여행을 해왔고, 지금의 우주적 여행을 할 수 있다는 점에서 그들은 여행의 조력자들이다. 한마디로 말해 우리, 구멍 숭숭 뚫린 취약한 자들에게는 너무도 '중요한' 자들이다. 소산, 삼투, 감염이 그들의 기본 존재양식이라는 점에서 귀신 같은 자들이기도 하다(그들과 함께함으로써만 존속할 수 있는 우리 역시 귀신 같은 자들이다).

둘째 유형은 주로 ①에 속하는 것으로서 기물器物(도구-사물, 상품과 기술물을 포함)과 그 후기 형태인 쓰레기다. 그리고 셋째 유형은 ③의 일부인 음식물이다.

이 사물들에 주목하는 것은, 이것들이 감당할 수 없을 정도로 범람하는 시대야말로 우리 시대의 얼굴이기 때문이다. 당대의 특징은 **사물들의 범람**이다. 우리의 관심은, 이 사물들의 범람을 범람으로 인식하고 이것들을 줄이는 방식으로 우리의 존재양식을 어떻게 조정할 것인가라는 과제에 가 닿아야 한다.

이 두 유형의 사물에 대해 다른 방식으로 접근하기는 우리의 생물 동료를 지키는 강력한 구조 활동이기도 하다. 왜냐하면 오늘날 생물 동료들에게서 일어나는 비참의 대부분은, 이 두 유형의 사물을 증대하거나 개선하려는 인간의 욕망으로 인한 것이기 때문이다.

현실의 그림은 이렇다—1단계: 더 나은 편리와 복지와 쾌락이 추구된다. 2단계: 개선된 기술과 상품이 생산된다. 3단계: 더 나은 편리와 복지와 쾌락이 경험된다. 4단계: 새로운 오염물과 쓰레기가 지구 기후 시스템을 교란하고, 생물들의 서식지를 오염시킨다. 5단계: 멸종과 개체수 감소, 서식지 이동이 발생한다. 4와 5의 단계는 무시되고, 3단계는 1단계로 이어진다.

5의 단계, 즉 최종 단계에서 일어나는 피해를 우리는 어떻게 줄일 수 있을까? 1단계와 2단계에 개입하기야말로 최종 단계의 비참에 책임 있게 행동하는 가장 효과적인 길이다. 비인간 생물 동료를 보호하려면 현재 무한히 생산되어도 좋다는 전제하에서 과생산되고 있는 기물과 음식물이라는 현실에 개입해야만 한다.

기물과 그것의 후기 형태로서의 기물 쓰레기 그리고 음식물의 경우, 개인이 일상생활에서 그것들의 처분에 비교적 쉽게 개입할 수 있다는 이유에서도 나는 이 사물들에 관심을 둔다. 발전소나 도로를 바꾸려면 정치를 바꿔야 하지만, 세탁기나 에어컨이나 배달 음식이라면 개인이 변화의 주체가 된다. 전자는 개인의 선택으로 쉽게 바꾸기 어렵지만, 후자는 그렇지 않다. 어떤 사물들은 개인이 일상생활에서 쉽게 돌보거나 구조할 수 있다.

그렇다고 개인의 실천을 촉구하기 위해 쓰이는 책은 아니다. 나의 관심은 정치의 변화에 있다. 그러나 오늘날의 진정한 생태 정치는 인간의 삶에 중요한 비인간 존재물에 대한 사고, 태도, 감성의 변화를 요청하고, 오직 그것들의 변화에 의해서만 가능하다. 생태 정치는 새로운 개인의 탄생을 요청한다.

5.

지금 당신은 '비인간', '존재물', '사물' 같은 단어로 이 지구의 물질들을 하나로 통칭하는 오류를 범하고 있다고 질책할 독자가 있을지도 모르겠다.

우주의 모든 물질을 하나의 용어로 표현하는 사람은 자기도 모르게 '평평한 세계'의 지평을 드러낸다. 우주에서 나온 모든 것을 '사물'이라고 통칭할 수 있다면, 즉 만일 모든 것이 사물이라면, 모두가 같은 세계, 단일 세계의 일원이다. 모두가 평평한 세계의 거주자들이다.

모두가 평평한 세계의 거주자들이라는 말은 정확히 무슨 뜻일까? 우선, 그것은 모든 존재물의 잠재력, 능력, 관심사가 같거나 비슷하다는 뜻이 아니다. 모두가 평평한 세계의 일원이라는 언명은 다음 몇 가지를 함의할 뿐이다.

첫째, 우주 안의 모든 존재물이 **주체성의 반짝거림**을 드러낸다. 모두가 일정하게 내면적이고 정신적인 면모를 갖추고 있다. 모두가 정신적인 우주(또는 우주 의식)에서 뻗어 나온 것이기 때문이다. 그렇기에 모두가 일정하게 주체적인 면모를 거느린다(이를테면 Mathews 2003; Shani 2015; Goff 2023). 그렇다고 구체적 존재물 전부가 통일된 의식 또는 의식의 중심을 갖춘 주체라는 말은 아니다. 그러한 의미의 주체가 아닌 존재물조차도 미약한 정도의 정신적 면모를 지니고 있거나 그러한 면모를 지닌 존재물들로 구성되어 있다는 말일 뿐이다. 모든 구체적 존재물은 주체이거나 주체가 될 가능성을 안에 보유하고 있다.

그리고 모두가 "자기만의 지하세계" 같은 내면세계를 보유하고 있기에(Morton 2023: 4) 모두가 서로에 대해 어느 정도 후퇴해(물러나) 있다. 그 어떤 것도 상대방, 즉 다른 존재물을 완전히 파악하거나 이해할 수는 없다. 그런 점에서 모두가 서로 비슷하다. 우리는 같은 부류다.

둘째, 각 존재물의 내면성은 그것의 존재 목적과 관련된다. 그 내면성으로 인해 우주의 모든 존재물은 자기-존속, 자기-초월이라는 존재 목적을 보유한다. 모든 존재물은 자기를 존속하려는 지향성(즉, 코나투스conatus)을, 나아가 자기라는 굴레를 벗어나 자기 너머의 존재물-힘-장과 결합하려는 지향성(즉, 오렉시스orexsis)을 보인다(Mathews 2003).

모든 존재물은 스스로 존속하려고 하고, 자기 너머의 무언가와 결합하려고 하며 자기실현을 향해 나아간다는 바로 그 특성만으로도 충분히 가치 있다. 모든 존재물의 존속하기-자기되기-자기실현이라는 활동 자체가 그것들의 존재 가치를 표현하고 증명한다. 그들은, 우리 인간이 그렇듯, 그들 각자에게 고유한 자기 존속의 가치, 자기실현의 가치를 자기 밖 누군가로부터 별도로 인정받을 필요가 없다. 인간은 그들에 대해 그들의 존재 가치를 인정할 필요도, 권한도 없다. 그저 이 우주의 기본 사실을 기꺼이 인정하고 그것에 기대 살아가면 된다. 우리에게 필요한 것은 비인간에 대한 (법적) 권리 부여가 아니라, 비인간의 가치와 목적에 대한 마음 깊은 곳으로부터의 인정과 존중이다.

셋째, 모종의 자기실현 운동에 나선 우주 안의 모두는 그 운동 과정에서 필연적으로 더 큰 무언가를 생산하는 과정에 참여한다. 반대로, 각자의 자기실현 운동은 더 큰 무언가가 생산되는 과정의 영향을 받으면서만 지속된다. 각자의 행위가 더 큰 것의 생산으로 이어지고, 더 큰 것은 각자의 행위를 추동하고 그것에 개입한다. 이 현상이 일러주는 것은, 세계의 일원성이자 일체성이다. 우리가 속한 우주는 하나의 우주다.

이러한 생각은 언뜻 듣기에 터무니없는 생각, 나아가

지나치게 과격한 생각처럼 보인다. 그러나 정말 그럴까? 그러나 이 우주와 그 안의 존재물들의 목적과 가치를 진지하게 생각할 때 비로소 행성적 위기라는 진퇴양난의 난국에서 벗어날 길이 우리에게 보일 것이다.

6.

인류세(또는 자본세)는 모던 프로젝트가 도달한 막다른 골목이다. 근대라는 프로젝트는 이 골목을 뚫고 나갈 수가 없다. 계속 살아가려면, 우리는 뒤돌아서 다른 방향으로, 즉 **비근대**라는 방향으로 걸어가야 한다.

근대를 하나의 문장으로 압축해서 표현하기는 불가능하다. 하지만 비인간 존재물과의 관계라는 면모에서는 그것이 가능하다. 근대라는 프로젝트는 비인간 존재물 일체를 도구화하고 자원화하고 탈주체화(탈정신화)하고 상품화하는 프로젝트였다. 근대 프로젝트에서 비인간은 추출, 응용[가공], 통제, 사용, 조작, 착취의 대상이었고, 지금도 그러하다. 이러한 일은 **인간의 탈자연화**와 더불어 발생했다. 인간은 더는 자연(물)이 아니므로, 자연(물)의 머리 위에 올라서도 되었다.

인류세라고 통칭되는 행성 위기의 시대에는 모종의 이중 나선 운동이 포착된다. 비인간 존재물들에 대한 인간의 개입, 가해와 파괴, 반-돌봄이라는 운동, 그리고 인간에 대한 비인간 존재물들의 개입, 가해와 파괴, 반-돌봄이라는 다른 한 방향의 운동. 그리고 이 파괴적인 이중 나선 운동은, 의도성을 알기 어려운 돌봄과 연대의 운동과 교차하고 있다.

    인간 쪽에서의 파괴 운동, 그 급상승 곡선을 굴절시키기 위해 무엇이 필요할까? 이 운동은 자본과 국가의 운동이라는 외피를 입고 있기에 이 운동을 문제 삼는 이들은 흔히 자본과 국가를 목표물로 제시한다. 자본을 통제하는 정부를 세우자! 그러나 어떻게 그 과업이 가능할까? 자본과 국가의 헤게모니가 어떤 지반에 뿌리를 내리고 있는지 살펴보는 것이 중요하다. 오늘의 행성 위기를 야기하고 있는 자본-국가 운동을 하나의 덩어리로 상상해보자. 그 덩어리는 탄소배출량 상위 100대 대기업 임직원과 직원과 주주, OECD 국가의 정부 관료들로만 구성되어 있지 않다. 그 덩어리에는 어쩌면 당신도 포함되어 있을지 모른다. 그 운동이 뿌리를 내린 지반은 인간의 태도와 욕망이 움직이는 곳, 즉 인간의 마음이기 때문이다. 인류세의 참화를 회피하는 식으로 현행 자본주의를 바꾼다는 것은 곧 제1세계의 생활양식을 보편적 생활양식으로 수용한 인류 대다수(아니라면 그에 근접하는 다수)의 태도와 욕망을 바꾼다는 것을 함의한다. 모든 세계의 변화가 그런 것은 아니지만, 당대 세계의 변화는 오직 인간의 마음이 변화할 때만 가능하다. 그중에서도 가장 중요한 것은 비인간 존재물에 대한 마음, 마음의 온도일 것이다.

인류세 논자들이 잘 언급하지 않는 점이지만, 인류세가 20세기 중엽에 시작된다면 인류세는 곧 20세기 후반기형 자본주의 시대이기도 하다. 지금도 계속되고 있는 이 시대의 결정적인 특징은 2차 세계대전 이후 '**대가속**Great Acceleration'의 시대가 열리면서 소비주의가 전 지구로 확대된 '**가속적 소비의 시대**'라는 점이다. 다른 시대 같으면 '낭비'로 비난받았을 행동이 이제는 '창출된 수요'로 포장되었다(이진경·최유미 2024: 314). 창출된 수요는 자본에게는 필요한 것, 좋은 것이다. 그러나 최대 속도로 창출된 수요는 곧 "최대 속도로 사물의 가치를 파괴하는"(이진경·최유미 2024: 315) 행동이기도 하다. 가속 생산과 가속 소비의 시스템 안에서 사물이 스스로 가지고 있는 가치는 사용가치로 환원된다. 이것이 당연시되는 시간에 사물은 본래의 빛을 잃고 내면이 텅 빈 것, 죽은 것, 사용을 기다리기만 하는 것, 우리의 도구, 우리의 노예가 된다.

이러한 삶을 합리화하는 세계관으로 보면, 영적·내면적 세계를 보유하고 이 지구를 여행하는 존재는 인간이거나 기껏해야 고등생물 또는 동물일 뿐이다. 그러나 고등생물이나 동물도 우리와 비슷하다는 생각조차 그저 머릿속의 관념이기 쉽다. 인류의 다수는 자신의 거주지 안에서 그런 존재들을 만날 일도 드물기 때문이다. 그리하여 인간은 영적·내면적 세계를 갖춘 자들의 세계인 인간세계에 스스로 고립되고 말았다. 인간은 우월한 자들의 세계인 인간세계를 구축함으로써 결국 **우주적 외톨**

이가 되고 말았다.

    스스로 외롭게 된 이 존재, **유아론자들**solipsists의 영적 공허감을 채우는 것은 타인(또는 이를 대체한 반려생물)과의 우정이거나 에로스, 그도 아니라면 섹시한 하이테크 신상품들이다. 그런데 오늘날엔 후자가 전자를 대체하기 쉽다. 섹시한 하이테크 신영상들에 나오는 누군가가 집이나 이웃의 누군가보다 우정과 에로스의 욕구를 더 충족해주기 쉽다.

    문제는 우리 각자가 사들이는 하이테크 신상품들, 구매하거나 다운받는 신영상들, 생성형 AI 사용의 양의 비대화가 우리의 물리적 삶에 끼치는 효과다. 그 비대화의 운동이 여름을 폭염 지옥으로 만들고 있기 때문이다. 소비의 비대화는 가뭄, 홍수, 폭우, 대형 산불의 비대화를 함의한다.

    그리하여 외롭던 유아론자들은 이제 초라해지기까지 했다. 인간의 탈자연화는 인간에게 모종의 저주를 내렸다. 허리케인과 태풍과 토네이도가, 산불과 가뭄과 폭염이, 북극발 소용돌이와 제트기류 남하가 그렇다는 것을 일깨우기 전까지는 알아차릴 일이 결코 없는 저주. 간헐성과 망각의 구름이 쉽게 은폐하는 저주. 이처럼 비인간 존재물들에 대한 인간의 파괴 운동은 비인간만이 아니라 인간에게도 폐허를 연다.

7.

　　폐허를 여는 이 독한 운동의 끝은 어디일까? 이 가해의 운동은, 그것이 인류의 전반적 복지를 증대한 운동이었던 것만큼이나 인류의 미래를 파괴하는 행위였다는 사실을 인류 다수가 '충분히' 인정하기 전까지는 당분간 지속될 것이다.

　　그 '충분한' 인정은 언제 가능할까? 하이테크를 통한 재난 사태의 회피가 가능한 한, 그 회피 속에서 기존의 쾌락이 재향유될 수 있는 한 그 인정은 계속해서 연기될 것이다. 기술 진보와 기술 향유에 대한 절대적 선호감각 그리고 그에 기반한 기술 신앙은 두 가지 나쁜 기능을 수행한다. 첫째, 이 자연력의 엄습을 어떻게든 피할 수 있으리라는 믿음에 영양분을 준다. 둘째, 언젠가는 기술 진보가 특이점을 넘어 온난화 문제마저 해결할 것이라는 환상에 물을 준다. 그리하여 지구에 지배력을 행사하는 헤게모니의 주체들로 하여금 비근대, 비인류세로의 방향 전환이라는 선택을 지연하거나 회피하게 한다.

　　그러나 상황이 마냥 암울한 것만은 아니다. 근대인의 가해 운동이 모종의 자해 운동이었다는 사실이 표면 위로 조금씩 드러나고 있다. 사물을 철저한 통제하에 두었고, 사물을 그처럼 취급해도 되는 물질로만 여겼던 현대적(근대적) 삶의 취약성이 살 속 뼈가 드러나듯, 세계의 파열 속에서 조금씩 공개되고 있다. 어떤 사물들은 자신들의 괴력을 드러내며 사물 통제라는 근대 프로젝트가 실현 불가능한 꿈이었음을 서슴없이 공지한다. 이 사물들은 우리의 20세기 후반기형 삶의 근본적 취약성을 가시세계에 공개한다. 사물의 주체성과 내면성과 행위성을 말하며 사물에 대한 존중의 태도를 촉구하는 철학의 부흥은 시대적 필연이다.

　　　　이 둘의 대치 속에서 누가 승패를 쥐게 될까? 이 사물들의 자기 표현과 자기 개진은 간헐적이고 느리고 무작위적인 데 반해, 기술을 통한 인간의 자연력 회피는 체계적이고 빠르고 계획적이다. 그리하여 인간세계의 취약성은 그 기술의 방어 덕에 완전히 다 드러나지는 않는다. 성긴 그물이 일부 어류만을 우연히 포획하듯, 괴물화한 사물은 일부의 운 나쁜 인간 집단만을 자기 입에 넣을 뿐이다. 피해는 금세 잊히고, 공장과 발전소, 데이터 센터는 다시 돌아간다. 그러나 때로 그 그물은 촘촘해진다. 폭염과 한파가 국경과 전쟁을 무의미하게 하는 시간 말이다.

　　　　그러니 우리 시대는 불안의 시대다. 인류가 탄 현 시대라는 기차가 우리를 어떤 곳으로 데려다 놓을지 우리 가운데 그 누구도 알기 어렵다. 과거에 문명의 유인자 역할을 했던 것은 거의 수명을 다했지만, 새로운 문명의 유인자는 아직 태어난 지 얼마 되지 않았거나 태어나지도 않은, 예측 불가능 시대이기 때문이다. 전환 담론이 나온 지 너무도 오래된, 그러나 전환은 시작도 되지 못한 시대. 신선해야 할 언어가 썩은 지 오래고, 모든 선언문의 언어가 기의를 잃고 유랑한다.

이런 안개의 시대에 우리는 어떻게 살아가야 할까? 아니, 미야자끼 하야오의 말 그대로 "**그대들은 어떻게 살 것인가?**"

8.

아마도 새로운 길로 들어서는 여러 개의 문, 여러 입구가 있을 것이다. 이 책이 안내하는 문은 현실 이해라는 문이다. 이 이해는 개인과 인간의 실재, 그리고 오늘날 우리의 존재양식에 대한 이해를 뜻한다. 그러나 이것을 이해한다는 것은 인간에 대한 오해만이 아니라 비인간에 대한 오해와 결별한다는 것을 뜻한다. 그것은 현실에 눈을 뜬다는 것, 꿈에서 깨어낸다는 것을 뜻한다.

새로운 현실에 눈을 뜨고 새로운 삶을 기획할 것인가, 옛 꿈에 사로잡혀 꿈속을 헤매는 즐거움을 누릴 것인가? 오늘 우리는 이를 둘러싼 투쟁의 시간을 살아가고 있다.

놀랍게도 비인간 존재물들은 오늘날 이 전투에 적극적으로 개입하고 있다. 이들은 귀신처럼 이 전투에 출몰하고 있다. 이들 자체가 이 전투의 향배를 가를 한 세력이 되어 있다.

다른 한편으로, 이들 비인간 존재물들에 대한 새로운 이해와 사고도 중요한 세력이 되어 있다(이것 덕분에 우리 자신에 대한 이해가 진보하고 있다). 아니, 어쩌면 이것이야말로 이 전투의 향배를 좌우할 주력군인지 모른다. 이 이해와 사고의 주인공일지도 모를 우리도 이 전투에 몸을 담는 한, 귀신 같은 자들이다.

　　　인류세는, 저 귀신이 이 귀신을 돕고 이 귀신이 저 귀신을 돕는 새로운 시대, 지금 막 열리고 있는 이 시대의 초기 명칭인지도 모른다.

디에고 리베라(1886~1957), 우주의 통제자, 1934

알베르토 자코메티 〈광장〉, 1947

앙리 마티스, 〈춤 1〉, 1909

피에르 보나르, 〈욕조 안의 나체〉, 1937

알브레히트 뒤러, 〈기도하는 손〉, 1508

조선 사발, 16~17세기

1장

리베라

인류세, (인간)기술권,
사물의 범람, 인간의 진화

디에고 리베라 〈인간, 우주의 통제자〉, 1934

1933년, 디에고 리베라(Diego Rivera, 1886~1957)는 이 작품과 거의 똑같은 작품을 그렸다. 당시 그 작품은 뉴욕의 록펠러 센터 내 한 빌딩의 벽면을 차지하기로 예정되어 있었다. 그러나 그 작품은 그곳에 걸리지 못하게 된다. 레닌의 초상을 작품에서 빼라는 넬슨 록펠러Nelson Rockefeller의 요구를 리베라가 거부했기 때문이다. 갈등과 소란 끝에, 록펠러는 그 작품을 없애라고 지시하고, 그리하여 그 작품은 어디론가 사라진다. 디에고 리베라는 같은 그림을 다시 그렸다. 우리가 보고 있는 것이 바로 그 그림이다. 현재 멕시코 시티 소재 국립예술궁전Palacio de Bellas Artes의 한 벽면을 차지하고 있다.

　　　　레닌이 있는 우측 화면에서 우리는 사회주의적 희망의 열기를 어렵지 않게 감지할 수 있다. 토론 중인 레닌과 지도자들의 얼굴에서 드러나는 열띤 분위기는 민중의 얼굴에서 드러나는 기대감과 잘 어울린다. 기독교와는 단절한 과학적 세계관에 입각한 (그래서 여기엔 마르크스가 보인다) 모더니티의 전진만이 있는 세상이다. 반면, 좌측의 세계는 전쟁, 파시즘과 폭력, 기독교가 주를 이루고 있고, 타락한 상류사회와 비참한 민중사회의 대비가 극명하다. 이곳에 있는 다윈은 오른쪽의 마르크스와 대비되는 인물이다.

　　　　이러한 단순 대비만큼이나 화면 중앙의 상징 역시 단순명료하다. 화면 중앙의 이미지는 이제 인간이 세계의 중심이 되었고, 그것은 근대의 과학기술 덕분이라고 선언하고 있다. 아니, 그 정도가 아니다. 우리의 주인공 백인 남성이 운전하는 프로펠러의 형상과 그림의 제목은, 인간이 우주-물질계와 생물계를 모두 통제할 능력이 있는 자라고 말하고 있다. 가장 충격적인 상징은, 기계에서 뻗어 나와 어떤 구를 움켜쥐고 있는 손이다. 이 테크노-핸드야말로 결정적인 형물이다. 인류 역사에서 손은 언제나 실행자였다. 머리가 아무리 결정해도 손이 없으면 실행하지 못하는 게 인간이다. 기술력과 일체된 이 실행자가 앞으로 지구를 넘어 우주 전체를 통제하게 될 것이라는 허무맹랑한 말을 이 그림은 하고 있다.

그러나 묘한 대목은 따로 있다. 백인-중년-남성의 미국인일 중앙의 주인공 아래쪽에 리베라는 식물을 잔뜩 그려놓았다. 이 식물들은 땅에 뿌리박고 있는데, 흥미롭게도 중앙 기계 장치 역시 같은 신세임이 밝혀지고 있다. 이것은 식물들처럼 인간-기술물도 땅에 의존하고 있다는 생각의 반영일 것이다. 화가는 왜 식물들과 그들의 근원적 생명원인 땅과 지하의 세계를 그려놓은 걸까? 이제 인간은 우주의 통제자가 되었다는, 황당하기 그지없는 선언을 해놓고 나니 무언가 미진한 구석이 있었던 것일까?

1

오늘날 기술은 많은 이들에게 일종의 신이다. 이 신앙을 간직한 이들이 보기에 인류세는 인간이 자부심을 느껴도 되는 시대이지, 그 이상도 그 이하도 아니다. 이들에게 인류세는 재앙의 시대가 아니라 성취의 시대다. 재앙적 수준으로 치닫는 기후변화 그리고 설국열차처럼 무작정 앞으로만 달려 나가는 AI 광풍 간의 모순은, 이들의 눈에 아예 보이지 않는다. 이들이 보기에는 후자를 이끈 기술혁신이 언젠가 전자도 해결할 것이다. 이러한 맹목적인 이데올로기를 지시하는 말로, 기술 맹신을 함축하는 **기술주의**보다 더 적합한 말도 드물 것이다.

그러나 훨씬 더 **온건한 기술주의**도 있다. 온건한 기술주의자들은 인류세의 재앙적 성격을 인정한다. 하지만 그러면서도 인류세적 재앙에 대처하는 최적의 방법이 기술적 해법일 것이라는 전제만은 절대 포기하지 않는다.

이들보다 더 온건한 기술주의자들도 있다. 이들은 기술적 해법이 위기에 대처하는 최선의 방책은 아닐지라도 꼭 필요하기는 한 해법이라고 통 친다. 핵발전도 그런 점에서 포기할 수 없다는 것이다.

이 마지막 부류의 기술주의자들(가장 온건한 기술주의자들)이 인류세에 요청되는 **인간의 진화**(**인간의 변화**)에 대해 어떻게 생각하는지는 아리송하다. 이 점을 괄호에 넣고 보면, 급

진파든 온건파든 기술주의자들은 대체로 인간의 진화 또는 변화라는 과제를 등한시한다는 점에서 한통속이라는 진단은 타당해 보인다. 아니, 이들의 절대적 전제는 인간불변론이다. 인간이 진화하는 동물이라는 사실을 망각하기라도 한 듯, 이들은 눈 하나 깜빡하지 않고 이렇게 반문한다―"에이, 인간이 어떻게 변해요?" 인간에겐, 현대인(근대인)에겐 자기의 삶을 바꿀 내적 힘이 없다. 하지만 이것은 기껏해야 자신이 현재의 삶을 바꿀 의향이나 필요가 없다는 말일 뿐이다. 해답은 어디까지나 기술에 있으므로.

이 책은 이러한 기술주의적 사고에 대한 전투의 성격을 띤다. 이 문장을 읽음으로써 당신은 방금 전장戰場에 들어왔다.

꼭 필요한 질문은 이것이다―인간이 변하지 않은 채로, 오늘의 거주 불가능 지구 문제가 해결될 가능성이 있을까? 자신이 형사이자 동시에 범인이었음을, 자신이 좀비였음을, 적어도 좀비의 구성요소였음을 알아차리는 생태적 알아차림 없이(Morton 2016: 9; 35) 인간에게 새로운 삶(번영)의 길이 있을까? 인간 정신, 인간 마음의 가장 깊은 곳의 각성 없이, 지금 요청되는 세계의 변화가 가능할까? 인류의 우주관과 인간관(자기정체성), 번영과 행복에 관한 상식의 변화가 아니라면 어디에 희망이 있을까?

모두스 비벤디 Modus vivendi는 인간의 행위 습관의 총체로서의 삶의 양식을 뜻한다. 하지만 이 단어는 국제적 합의를 뜻하기도 한다. 이 두 가지 뜻을 모두 함축한 것으로서의 모두스 비벤디, 즉 인류 전체에 의해 의도 없이, 무의식적으로, 라디오와 인터넷과 유튜브라는 징검다리를 통해 **국제적으로 합의된 (20세기 후반기형) 삶의 양식**이야말로 문제의 진앙지로서 지목되어야 한다. 새로운 모두스 비벤디가 필요하지 않을까? 인류 전체의 새로운 거래, 뉴딜New Deal이 필요하지 않을까? 이 문화적 대타협 없이 **지구 저온화**가 과연 가능할까? 이것 없이, 어떤 기적적인 기술적 해법으로써 이산화탄소 농도가 350ppm으로 내려가기만 하면, 그것은 정녕 환영할 만한 상황일까? 그것은 정말로 문제가 해소된 상태일까? 지구공학자들은 헛꿈을 꾸고 있다. 모래 위는 성을 쌓기에 좋은 곳이 아니다.

2.

인간이 변해야 하는 것은, 인간이 문제의 발원지이기 때문이다. 정확히는 인간의 삶의 양식, 모두스 비벤디가 문제의 발원지이지만, 그 웅덩이에는 인간의 정신(마음), 인간의 사고, 인간의 태도라는 다른 공범의 점액들이 함께 서식하고 있다.

이 발원지의 서식자들, 즉 공범들이 생산해낸 것들의 총체가 바로 **(인간)기술권**technosphere이다. 지구 행성 한계선을 안중에 두지 않은 질주, 그 필연적 산물인 (인간)기술권이야 말로 인류세의 문제적 사물 집합이다. 오늘날 이것이 문제인 것은, 과도하게 비대화되었기 때문이기도 하지만, 그 비대화를 문제 삼는 이가 적기 때문이기도 하다. 모든 문제 해결의 시발점은 문제의 직시 그 자체임을 잊어서는 안 된다.

(인간)기술권의 실재가 인류세를 가장 잘 말해주고, (인간)기술권 이해가 오늘의 총제적 위기 상황의 요체에 다가가게 해준다. 인간 그리고 "소, 공장, 생각" 같은 인간적 행위자들(Morton 2016: 21)의 총집합체를 빼놓고 인류세를 말할 수는 없다.

그러나 (인간)기술권은 공기처럼 아스라하다. 실재하지만 거의 보이지 않는다. 인간과 기술의 융합 권역인 이 권역은 우리에게 인체처럼 어렴풋하다. 혼魂이 백魄을 알기 어려운 것처럼, 우리 역시 그것을 인지하기 어렵다. 사고, 기억과 직접 관련된 뇌세포 외의 다른 신체 세포들의 정서적, 지능적 선택으로서의 행동은 사고와 기억을 담당하는 뇌세포에게 인지되지 않는다. 적어도 우리가 우리의 자아라고 생각하는 그것에게는 인지되지 않는다(신성대 2018). 췌장을 둘러싼 혈관 안에서 혈액 세포들이 호르몬과 주고받는 신호를 인지할 수 있는 인간 또는 뇌는 없다. 우리에게 너무도 가까이에 있지만, 백魄의 지능과 삶은 우리에게 접근되지 않는다. 마찬가지로 (인간)기술권은 우리에게 너무도 가까이 있지만, 우리의 인지 영역안으로 들어오기 쉽지 않다. 너무도 그 수가 많고, 너무도 넓게 펼쳐져 있기 때문이다. 그것은 오늘날 우리의 새로운 집이고 자연이기 때문이다.

시공간에 광범위하게 분포하여 마치 자연과 같은 느낌을 준다는 점에서, **세계의 끝**을 직접적으로 초래하고 있다는 점에서 (인간)기술권은 티머시 모턴Timothy Morton이 말한 **초객체** hyperobjects와 유사하다. 플라스틱, 자본주의, 지구온난화 같은 다른 초객체들처럼(티머시 모턴 2024: 9-13), (인간)기술권은 우리의 실존과 삶, 세계를 압도하며 잠식하고 있다. 하지만 우리는 우리에게 그런 권역이 있다고 느끼지조차 못한다. 그 권역을 채우고 있는 물질을 우리 자신의 확장, 우리 자신의 집으로 여기기 때문이다. 그 권역은 전혀 주목되지 않는다. 그것은 그저 당연히 존재하는 것이다.

그럼에도 이 물질 권역은 오늘의 지구 행성 전체에 막강한 힘을 행사하고 있다. 오늘날 인간과 다른 생물들의 **거주 가능 지대로서의 지구**가 위태롭다면, 그것은 단적으로 이 권역, 즉 무한히 팽창 중인 이 자동 팽창 기계 때문이다. (인간)기술권은 "이제 생물권보다 비중이 클 뿐 아니라 나날이 생물권을 파괴하고 있다"(줄리아 애드니 토머스 외 2024: 26). 하지만 그저 생물권만은 아니다. 대기권 온실가스 농도의 변화를 야기하는 것도 결국 (인간)기술권이라는 인간의 물질 활동-물질 덩어리다. 오늘날 지구가 단일한 유기체처럼 무언가를 느낄 수 있다면 무엇보다도 이 덩어리, 이 자동 팽창 기계의 위력을 강하게 느끼고 있을 것이다. 우리가 속한 큰 자연을 파괴하는 작은 자연. 지구 행성 또는 비인간 생물들의 입장에서 오늘날 (인간)기술권은 맹독한 힘의 원천이다. 그 생물들의 입장에서 인간들만의 민주주의democracy는 일종의 **기술통치**technocracy다.

   'technosphere'를 왜 '기술권'이라는 용어로 번역하지 않느냐는 질문에 대한 답변도 필요하다. '기술권'이라는 용어도 가능한 번역어이긴 하다. 하지만 이 용어는, 이 권역이 인간 기술(력)의 산물이라는 생각에 우리를 가둔다. 즉, '기술권'이라는 용어는 인간이 이 권역 바깥의 존재, 이 권역의 창조주라는 생각으로 우리를 끌고 간다. 그러나 이 개념의 주요 제안자인 피터 하프Peter K. Haff가 보기엔 (인간)기술권에는 생산자와 사용자인 인류 역시 포함되어야 한다. 하프에 따르면, (인간)기술권은 "수십억 명의 인간과 수조 개의 기술 인공물로 이루어진 지구 전체에 걸친 상호 연결된 복합물"이다(Wallenhorst & Wulf 2023: 538). 그뿐 아니라 하프는 (인간)기술권에 인간이 길들인 작물과 가축, 화학물로 변형한 농지도 포함되는 것이 맞다고 본다. 그런데 인간, 작물, 가축, 농지는 인간력의 소산이기도 하지만 동시에 (지구) 생명 진화력의 소산이기도 하다. 그렇다면 (인간)기술권을 구성하는 물질을 산출한 주체가 인간과 그 기술력만이라고 단언하기는 어렵다. 요컨대 (인간)기술권은 지구가 (또는 온생명[1]이) 만들어낸 인간이 만들어낸 인간-기술물의 권역이다. 이 권역은 지구적 진화의 산물이라는 점에서는 자연스러운 결과물이라고 볼 수도 있다. 뗀석기와 자전거와 인공위성을 만들어내는 능력은 인간의 능력이라기보다는 인간의 능력이라는 형식을 빌린 지구의 능력이라고 해석할 수도 있기 때문이다. 하지만 이 권역은 진화사의 어느 시점부터는 지구 시스템의 생태적 균형을 파괴하고, 여러 생물종을 멸종으로 내몰 정도로[2] 비대화되었다는 점에서 문제적이다.

피터 하프에 따르면, 이 거대 기계는 그것 자체가 자율적인 행위력과 동력을 갖춘 행위 주체로서 인식되어야 한다. 이 권역은 "대사적 활동을 유지하는 능력"을 보유하고 있고, "제 행동 양식을 스스로 더 잘 통제할 수 있으며", "다른 네 가지 지구 권역들처럼…사실상 자율적"(Wallenhorst & Wulf 2023: 538)이다. 이 권역이 암석권, 대기권, 수권, 생물권과 같은 하나의 지구 권역이라고 주장되는 이유는 여기에 있다.

한편, 이 권역은 인간이 기존의 기술물을 더 발전시키도록 인간을 부추기는 힘의 주체이기도 하다. (인간)기술권과 인간은 피드백을 쉽게 주고받는다. "(인간)기술권은 인간 구성 요소들의 행동에 반응하고, 거꾸로 그것에 영향을 끼친다. (…) 이 자기강화적 피드백positive feedback 과정에서 지식을 생산하는 인간의 참여야말로 인류세의 혁신 그리고 인간 복지 개선의 주된 원천이다"(Wallenhorst & Wulf 2023: 538). 그러니까 인류세의 모든 기술 혁신, 그 동력원은 인간의 능력이지만, 그 혁신 행위 자체가 실은 그 행위 주체들에 대한 (인간)기술권의 영향력에 의한 것이다. 새로 출시된 아이폰 15라는 스마트폰, 이에 대한 소비자들의 열광, SNS상에 유포되는, 유저들이 아이폰 15로 찍은 동영상과 사진과 '좋아요' 표기, 이 모든 과정을 지탱하는 전력의 생산과 유통, 통신 시그널의 유통—이 모두가 아이폰 15 출시 이후에 새로 형성된 (인간)기술권 신체의 구성 요소들이다. 바로 이 새로운 신체가 아이폰 15를 만든 기업과 그 경쟁 기업들로 하여금 아이폰 16이나 그와 유사한 스마트폰을 생산하도록 부추긴다. 물론 (기업 쪽에서의) 적극적인 응답이 뒤따른다. 기술이 진보하고, (인간)기술권이 제 신체의 비대화 운동을 계속할 수 있는 것은 바로 이런 식의 피드백 과정 덕분이다. (인간)기술권, 즉 "인간 시스템과 기술 시스템의 공진화"(줄리아 애드니 토머스 외 2024: 186) 운동과 그 결과물은 이런 식으로 재생산된다.

3.

(인간)기술권은 인류가 기술문명 시대를 열면서 제작해온 물질들의 총합이자 그 물질들로 구성된 지구의 한 권역을 뜻한다. 하지만 언제부터가 기술문명일까? 경제학자 칼 폴라니는 '기계 시대'라는 표현을 쓰며 그 시대가 1차 산업혁명과 더불어 시작되었다고 보았다(칼 폴라니 2017). 그러나 인류세의

시작점을 20세기 중반 이후로 봐야 한다는 시각을 적용하면, 기술문명은 20세기 중반에 시작되었다는 주장도 가능하다. 그럼에도 20세기 내내 강력한 힘을 발휘하는 산업 시설과 기계, 발전소의 뿌리를 캐다 보면, 최소한 18세기 후반까지는 거슬러 올라가게 된다. 1784년은 특히 중요한 해인데, 1784년의 증기기관 특허 문서가 증기기관이 다른 기계들에 연결되어 동력을 공급하도록 보장하고 있기 때문이다(Morton 2016: 8). 그러나 만일 피터 하프의 주장대로 인류가 길들인 동식물이 (인간)기술권의 필수 구성요소라면, (인간)기술권이 만들어지기 시작한 시점은 신석기 혁명기라고 봐야 할지도 모른다. 어떤 학자들은 농업 혁명(신석기 혁명)이 일어난 시기를 인간/자연 이원론이 힘을 발휘하기 시작한 시점, 인간의 탈자연화와 대 자연 가해가 시작된 시점으로 본다(이를테면 Morton 2016; Morton 2017; Mathews, 2023).

시점에 관한 이 난제는 '가연성 물질의 집적과 점화點火'라는 논리로 해결 가능한 것으로 보인다. 이 논리에 따른 서사는 이렇다. 신석기 혁명 이후 인류는 가연성 물질을 부단히 쌓아 왔다. 농업과 목축과 어업 자체가 가연성 물질 쌓기였다. 왕정과 도시가 형성되는 과정에서도 가연성 물질이 축적되었다. 그러나 이 물질 가운데 유독 불에 잘 타는 물질들이 산업혁명과 더불어 집적되기 시작했다. 그리고 20세기 중반 인류는 이 물질들에 기어이 불을 붙이고 만다. 요컨대, 20세기 중반 이래 인구 폭증, 고속의 도시화, 소비주의적 자본주의의 전 지구화, 고도 경제성장 같은 변화와 더불어 "마치 오랫동안 쟁여 놓은 화약통에 성냥으로 불을 붙인 것 같은 상황"(줄리아 애드니 토머스 외 2024: 41)이 펼쳐졌다.

(인간)기술권을 구성하는 물질들은 정확히 어떤 것들일까? 이 권역을 채우고 있는 물질의 총 질량은 무려 약 30조 톤으로 추산되고 있다. 이 물질의 바이오매스는 "지구 내 생존하고 있는 인간 바이오매스보다 10만 배 큰데", 이곳에는 "약 5천 개의 '자연' 광물과 대비되는⋯17만 개 이상의 합성 광물-같은 물질" 그리고 "농업에 의해 변형된 토양과 저인망 어업에 의해 배포된 해양 침전물"이 포함되어 있다. 그뿐만 아니라 (인간)기술권을 이루는 어떤 물질들은 지구를 돌고 있거나 행성 간 공간까지 이동해 있다(Ellis 2018: 148). 피터 하프는 이 권역에 인간, 화학농지, 가축과 양식장 어류와 논밭의 각종 작물, "트랜지스터, 스마트폰, 컴퓨터, 컴퓨터 네트워크, 인프라" 같은 각종 기술물, 법률 조약과 예술작품 같은 인류의 지적인 창조물들, "학교, 기업, 정당, 정부 관료조직, 군대" 같은 사회조직, "통신, 교통, 교육, 보건·금융 시스템" 같은 사회 시스템이 포함되어야 한다고 본다(Wallenhorst & Wulf 2023: 537). 이것은 사실상 인간 활동과 인간 거주지를 망라하는 권역, 즉 '인간세계'라고 부를 수 있는 권역이다. 그 세계는 그곳에서 인간이 편안함을 느낀다는 점에서 **인간의 자연세계**다.

4.

　　피터 하프가 말하는 (인간)기술권이 무엇인가를 우리의 생활세계를 반추하며 음미해보면, 우리는 이 권역에 포함된 사물들을 악마화할 수 없다는 결론에 도달하게 된다. 피터 하프의 말대로 그것은 "인간 복지 개선의 주된 원천"이기도 하다. 로마의 우피치 미술관에 있는 미켈란젤로의 다비드 조각상이나 베이징 고궁박물원에 있는 화암[화얀]華嵒의 서화는 보존의 대상이지 파괴의 대상이 아니다. 과생산, 과폐기되어 지구 어딘가에 쌓이는 각종 전자 폐기물은 어떤 생물들에게는 암적 존재이지만, 그렇다고 현재 사용되고 있는 컴퓨터나 각종 전자 제품이나 장치, 인터넷망, 송전망, 인공위성 등을 전부 나쁜 것으로 볼 수는 없다. 토마스 베리 신부가 말한 '생태대Ecozoic Era', 즉 지구중심적geocentric 규범으로 사는 새로운 문명의 시대(Berry 2006: 43)를 열어간다 해도, 그 과정에서 현재의 학교, 정당, 병원 같은 사회조직 자체를 해체할 필요까지는 없다.

　　사실 (인간)기술권을 이루고 있는 사물의 상당수는 오늘날 인류의 복리를 보장하는 **문명적 보철** 기능을 수행하고 있다. 그것들은 오늘의 인류 대다수에게 무척 고마운 것들이다. 플라스틱 폐기물이나 핵폐기물처럼 동료 생물들에게 해가 되기도 하는 악성 물질도 (인간)기술권을 구성하고 있지만, 병원 입원실에서 쉽게 찾아볼 수 있는 테이블, 냉장고, 침대, 휠체어, 주사, 포도당액, 백신 같은 것들도 엄연히 그 구성원이다. 전자는 우리 모두에게 골칫거리이지만, 후자는 고마운 것들이다.

그러나 이것도 얄팍한 구별일 뿐이다. 인간에게 고마운 숱한 사물들이 폐기되어 쓰레기가 될 때 그것은 순식간에 고마운 것에서 골칫거리로 변신한다. 플라스틱 역시, 이미 생산된 플라스틱을 지속적으로 사용하는 새로운 문화가 태동하여 전 세계로 확산한다면, 골칫거리에서 고마운 것으로 바뀔지도 모른다. 게다가 병원 입원실의 저 고마운 사물들이 석탄발전소에서 뽑아낸 전력에 의존하며 이산화탄소를 배출하는 공장에서 나온 사물이라는 사실은 '골칫거리'와 '고마운 것들'을 가르는 구획선을 흐린다.

따라서 (인간)기술권을 채우고 있고 화석연료를 사용하는 제조업체에서 제조된 대다수의 상품-기술물에는 '**파르마콘**Pharmakon'이라는 딱지가 붙어야 한다. 즉, 그 사물들은 약이면서 동시에 독이다. 인간의 단기적 복지를 위해서는 약이 되지만 장기적 복지를 위해서는 독성이 있는 물질들을 근대인은 너무도 많이 생산하고 말았다. (인간)기술권의 비대화, 쓰레기의 급증, 지구 행성 한계선 돌파, 기후변화는 그 자연스러운 결과물이다. 이 모든 현상을 하나의 문구로 집약한다면, 그것은 사물의 범람이다.

5.

　　행성적 위기를 타개할 장기적인 해법은 무엇일까? 새로운 상품-기술물의 생산량(과 유통량과 폐기량)을 전반적으로 감축함으로써 (인간)기술권의 비대화의 속도를 늦추는 것이 과연 가능할까? 그것은 곧 기업 성장률 하락과 주가의 하락을 의미할 텐데? 새로운 경제 패턴과 생활양식을 찾아내면서 온실가스 배출량을 감축하는 것이, 너무 늦지 않은 시점에 가능할까? 저성장, 비성장, 제로 성장의 경제 패턴 속에서 폐기물의 경제 가치를 되살리는 되살림의 경제를 만들어내고, 이미 생산된 제품(중고품)을 살려서 쓰는 **업페어**uppair 문화를 창출해내는 것이 가능할까? 이미 생산된 상품 위주로 살림살이를 꾸려가는 **지구 배려적인 삶의 감각**, **생태적 지혜**가 확산될 수 있을까?

　　물론 거주 가능 지구라는 커먼즈의 지속에 위해가 되는 특정 물질들의 경우, 그 생산을 대폭 감축해야 마땅하다. 우메하라 다케시梅原 猛는 2011년 후쿠시마 원전 폭발 사고를 인재가 아니라 **문명재**文明災라고 불렀는데(박맹수 2015: 189), 우리가 문제 삼아야 물질은 **문명재 발생에 동력원이 되는 것들**이다. 대표적으로는 기후위기의 가속 페달을 밟고 있는 물질들이다. 철강, 시멘트, 내연기관으로 가동되는 교통수단들과 아스팔트, 석유화학제품으로서의 의복, 각종 플라스틱 제품과 포장재, 석유 연소를 요하는 화학농기계 등이다. 이러한 것들이 문제가 되는 대표적인 사물들이다.

그러나 어떤 명분으로, 어떤 윤리적 원칙으로, 어떤 방식으로 이런 물질의 생산을 줄일 수 있을까?

혹자는 탄소발자국이 일정 수준 이상인 상품부터 국가가 그 생산량을 조절해야 한다고 주장할지 모른다. 그의 목록에서는 이를테면 치즈와 커피, 철이나 플라스틱을 원재료로 삼는 상품, 전자기기, 자동차, 시멘트 등이 개입 대상이 될 것이다.

그러나 이런 식의 접근이 얼마나 실효적일까? 해당 상품을 생산해온 기업들, 그 기업들에 투자한 주주들로서는 죽으라는 소리니 그들의 반발은 불을 보듯 뻔하다. 그러니 이 기업들의 사업 전환을 돕는 정부의 프로그램이 필요하다. 그리고 그것을 우리는 그린뉴딜이라고 불러왔다. 그러나 획기적인 딜이 현실에서 가능하려면, 문제와 해결 방안에 대한 사회적 공감대의 확산이 먼저 필요하다.

동료 소비자들을 대상으로 한 고탄소 상품 불매 운동은 어떨까? 만일 이 운동이 성공할 수 있다면, 해당 상품을 생산하는 기업들 역시 판매 감소라는 현실을 냉정히 수용하게 될 것이다. 하지만 이 운동은 성공하기 어렵다. 윤리적 메시지가 있는 정보(이 경우 고탄소 상품 목록 가이드)는 그 수용자들에게 모종의 윤리적 부담감을 만들어낼 수 있을지는 모른다. 하지만 그것 자체가 자동적으로 윤리적 행동을 이끌어내기는 어렵기 때문이다. 커피가 고탄소 푸드이니 커피 소비를 대폭 줄이자는 캠페인을 상상해보자. 이 캠페인은 커피 중독계급인 '모카테리아트 mochatariat'(브라이언 딜 2017)에게 얼마나 솔깃하고 유의미한 메시지일까?

그러니 우리는 이 문제를 근본을 물끄러미 응시하는 시각에서 바라보고 묵상할 필요가 있다. 이런 시각을 확보할 때 우리에게 곧장 드러나는 사실은, 이 모든 인류세적 대혼돈의 뿌리에 특정 유형의 인간 욕망이 있다는 것이다. **끝 모를 기술쾌락**을 추구하는 **20세기 후반기형 인간 특유의 욕망**이라는 문제를 정면에서 응시하지 않고, 정면으로 이것과 대결하지 않고 오늘의 사태를 해소할 길은 없다. 온실가스 대량 배출원이 되고 있고 숱한 생물들의 멸종과 고통을 야기하고 있는 숱한 기물들-기계들-시설물들의 지속적인 가동, 그리고 과다자극된 20~21세기인의 **기술쾌락욕**은 결코 분리 가능한 것이 아니다. 가령 바닷속에 버려져 해양 동물들의 복지를 해치는 숱한 어구들은 간편하게 각종 해산물을 즐기려는 도시인의 욕망과 분리 가능한 것이 아니다. 후자의 욕망이 전자의 고통을 지속시키는 동력원이다. 도시인의 그 욕망이 더 짧은 시간에 더 많은 해물을 포획하려는 어부들의 욕망을 부추기기 때문이다. 오늘날 그저 당연시될 뿐인 우리 자신의 (기술)쾌락욕을 대면하고 그것을 문제시해야 이 총체적 난맥상을 빠져나갈 출구가 비로소 보일 것이다.

20세기 후반기형 인간 특유의 비대화된 기술쾌락욕, 즉 우리 자신도 모르게 우리가 가지게 된 이 욕망의 일부를 놓아버리는 것이 가능할까? 나는 이것이 충분히 가능하다고 생각한다. 왜냐하면 이 욕망이 보편화된 것은 채 100년이 안 되지만, 우리 자신은 훨씬 더 오래된 존재들이기 때문이다. 만일 당신이 1980년대생이라면 당신이 그 욕망을 자기 욕망으로 삼은 것은 기껏해야 50년도 채 안 되지만, 당신의 몸에는 수백만 년은 넘는 호미닌의 역사가 배어 있기 때문이다. 아니, 개인의 몸에는 40억 년 생명 진화사가 각인되어 있을 뿐만 아니라 138억 년의 우주 진화사의 역사가 각인되어 있다. 우리 안에 주입된 근대적 기술쾌락욕을 일정하게 조정하는 일은 결코 실현 불가능한 프로젝트가 아니다.

6.

그러나 이 기술쾌락욕과 관련하여 우리가 대면해야 하는 것이 또 하나 있다. 우리 자신의 기술쾌락욕을 당연한 것, 좋은 것으로 우리 스스로 간주하게 하는 무언가가 바로 그것이다. 그것은 우리가 기술쾌락욕을 추구해도 된다고, 그것은 자연스러운 것이라고 속삭인다. 그것은 우리의 기술쾌락욕 추구를 윤리적으로 괜찮은 것으로 승인해준다. 그런 점에서 그것은 승인자다.

이 승인자는 우리의 내면에서 우리에게 이렇게 속삭

인다. 인간이 비인간 자연을 통제하는 것은 우주의 섭리상 바람직한 거야. 그건 좋은 거야. 하느님이 우주를 창조할 때 그럴 수 있는 힘과 그래야 하는 이유를 우리 인간에게 주셨어.

그러니까 문제시되어야 하는 구조는 크게 네 층위로 되어 있다. 상부에 자본이 주도하는 생산-유통 양식(모두스 오페란디Modus Operandi)이 있다면, 그 아래에는 자본주의에 간과 쓸개를 내준 대중의 소비주의적 삶의 양식(모두스 비벤디)이 있다. 그리고 그 아래에서 대중의 기술쾌락욕과 특정 선호감각(에토스)이 제 운동을 지속하고 있다. 맨 아래층에는 인간과 비인간, 좋은 삶에 관한 특정한 사고가 승인자 역할을 하며 버티고 있다. 이 네 층위는 지구의 핵과 맨틀, 지질구조판, 지각처럼 끈끈히 얽혀 있다. 하나가 무너지면 나머지가 다 무너지고, 하나가 건재하면 나머지도 건재하게 되어 있다. 그러나 전체 구조물에 변화가 있는 사태는, 심층부의 변화가 아니고서는 발생하지 않을 것이다. 심층부가 전체 구조물의 뿌리이기 때문이다.

이 심층의 뿌리를 건드리는 식의 변화, 어떤 발본적인 변화를 추구하지 않는 한, (인간)기술권의 비대화와 그 부대 현상인 기후위기나 에코사이드ecocide에 의미 있는 대응은 불가능하다. ESG도 지속가능발전목표SDGs도 전체의 구조적 질서는 유지하는 가운데 상층부를 일부 조정하려는 프로젝트에 불과하다. 국가가 나서서 상층부를 수술하겠다는 것이 그린딜/그린뉴딜이지만, 그것의 속도가 나지 않고 실효적 전진이 지난한 것은 중층부, 하층부에서 의미 있는 변화가 없기 때문이다. 케이트 소퍼Kate Soper가 《성장 이후의 삶Post-Growth Living》에서 새로운 쾌락양식의 탄생을 촉구하며 이 중층부의 변화가 얼마나 중요한지 역설했지만, 그의 담론이 하층부의 변화에 대한 철학 담론(범심론, 신유물론, 객체지향존재론 등)과 어떻게 이어지는지는 모호하다(케이트 소퍼 2021). 돌봄을 사회를 조직하는 중심 가치로 삼자는 포스트성장, 탈성장 진영의 담론은 경청할 만하지만, 이 진영이 구상하는 대전환 과정에 비인간의 지위 격상을 주장하는 철학이 얼마나 중대한 역할로 설정되는지는 의문이다. 정반대로, 존재론적 전회Ontological Turn를 주장하는 21세기 철학자들과 인류학자들의 사고는, 그것이 어떻게 중층부와 상층부의 변화를 끌어낼 것인가라는 질문에 대답할 수 있을 때 비로소 유효한 시대 처방전이 될 것이다.

7.

지금이 비상非常한 시대라는 사실은 점점 더 자명해지고 있다. 그러나 드러난 문제의 자명함이 그 해법의 자명함을 보장해주는 것은 아니다. 해법이 무엇이냐는 지점에서 우리는 전장으로 들어선다.

나의 굽힐 수 없는 생각은 인간의 기술력이 탈출구라

고 막연히 가정하는 기술주의자들과는 다른 대답이 우리에게 필요하다는 것이다. 기술주의자들의 대답은 전체(구조물 전체와 그 작동방식 전체)에 관한 통찰에 기반해 있지 않기 때문이다. 우리에게 긴요한 대답은 구조물 전체를 바꾸는 경로에 관한 대답이다.

그러나 그 경로가 무엇이든, 그 길은 반드시 우리 자신, 즉 근대인의 변화, 변신을 대동하지 않으면 안 된다. 인간의 변신 또는 진화가 일어나지 않는 한, 유효한 시간 내의 전체 현실 구조물의 전환은 아마도 불가능할 것이다. 자본주의 체제 변혁이라는 것도 그것을 가능하게 할 대중이 나타나지 않는 한 불가능한 기획일 뿐이다. 그런 대중의 출현은 어떻게 가능할까? 자본주의의 강요에 완전히 굴복하지 않은 이들의 연대가 출발점이 아닐까? 자본주의의 강요를 회피하는 방식으로 (기술)쾌락욕을 충족하기 시작한 사람들의 출현이 출발점이 아닐까? 인간의 변신과 새로운 행복관, 새로운 삶의 양식의 부상 없이 체제 전환이 가능할까?

인간의 변신은 **인간의 자기 정체성의 변화**를 뜻한다. 이 변화는 비인간 존재 전체에 대한 사고, 감성, 마음 태도의 변화를 함의한다. 타자와의 관계의 연결망 속에서 자신의 얼굴과 위치를 알아보고 그것을 스스로 명명한 것이 바로 자기 정체성이기 때문이다.

물론 변화라는 말로는 어딘가 부족하다. 그렇다고 혁명이라는 말이 어울리는 것도 아니다. 이것은 마음의 차원과 일상의 차원에서의 잔잔한 변화이기 때문이다. 그러나 그 잔잔한 물결은 거대한 해일을 일으키는 그런 물결이다.

이러한 인간 변신을 가리키는 또 다른 말은 **인간의 감소, 인간의 물러남**이다. 인간의 감소는 인구 감소를 뜻하는 것이 아니다. 그보다는 인간의 비인간 지배력의 감소를 뜻한다. 당대의 인간 집단의 비인간 지배력이 위험할 정도로 비대화되었다는 점에서, 이 지배력의 감소가 필요하다. 나의 이러한 생각은 천체물리학자 마틴 리스Martin Rees도 공유하는 생각에 토대를 둔다. 마틴 리스가 지적한 것처럼, 인간이 지닌 힘이 더 커질수록 그 힘이 파국적 결말을 위해 사용될 기회 역시 더 커질 것이다(Martin Rees, 2003). 다른 경로를 예상하기는 어렵다. 하지만 지구의 자연 질서를 좌우하고 있는 인간의 힘은 다른 자연의 힘과는 달리 얼마든지 줄어들 수 있다(Simon L. Lewis & Mark A. Maslin 2018: 414). 한편, 지배력의 비대화는 개입의 비대화를 의미한다. 이 개입이 감소되어야 한다. 우주 내 만물은 자기 너머의 존재물들에 대해 일정하게 간섭하고 때로 결합하려는 충동을 지니지만, 동시에 서로 물러나 있다. 이 주체성의 반짝임, 서로 물러나 있음이라는 우주적 프로토콜을 깨닫고 수용할 필요가 있다.

내가 말하는 인간의 물러남은 진보의 반대물인 후퇴가 아니다. 도리어 인간의 새로운 진화와 진보를 뜻한다. 인간의 물러남으로써만 가능한 새로운 즐거움과 누림, 활기와 쾌락, **새로운 삶의 발명**을 함축한다.

8.

　　　자아라는 제 존재의 중력장을 놓아버릴 때, 그 중력장에서 벗어날 때 인간은 잠재적 친구들이 표류하고 유동하고 있는, 자신을 둘러싼 세계의 실상에 눈뜨게 된다. 만일 이러한 일이 일어난다면, 세계는 완연 다른 색채를 띠고 그에게 다가온다. 이제 그에게 세계는 **연대**가 작동하는 곳이고, 소통 가능성을 가로막는 종의 장벽, 물질의 장벽이 사라진 곳이다. 그리하여 그에게는 **사물들의 웅성거림**이 들리기 시작한다. 그는 "고요한 사물 언어를 수용"하게 되는데, 그건 그가 "**약화**"된 상태에 있어서이다. 자기 상실과 사물에 대한 주의attention의 강화는 늘 한 짝이다(한병철 2022: 87).

　　　인간-자아라는 중력장에서 해방된 그는 더 이상 사물을 사용하지 않는다, 대신 사물과 협력한다. 그는 연필을 사용하는 것이 아니다, 연필과 협력해 선을 긋고 글을 쓸 뿐이다. 그는 더 이상 컴퓨터를 사용하는 것이 아니다, 컴퓨터와 협력해 원고를 생산할 뿐이다. 그가 드럼을 칠 때 그는 그 드럼을 단순히 치거나 사용하는 것이 아니다, 그 드럼과 협력해 음악을 창조할 뿐이다. 그는 농토를 활용하는 것이 아니다, 농토와 협력해 작물을 기를 뿐이다. 그는 수자원을 사용하는 것이 아니다, 물과 힘을 합해 정원을 가꿀 뿐이다. 인간-자아가 약화된 곳에서 모든 행위는 **협력**이라는 뉘앙스를 띤다.

2장

자코메티

외로움과

웅성거리는 사물들

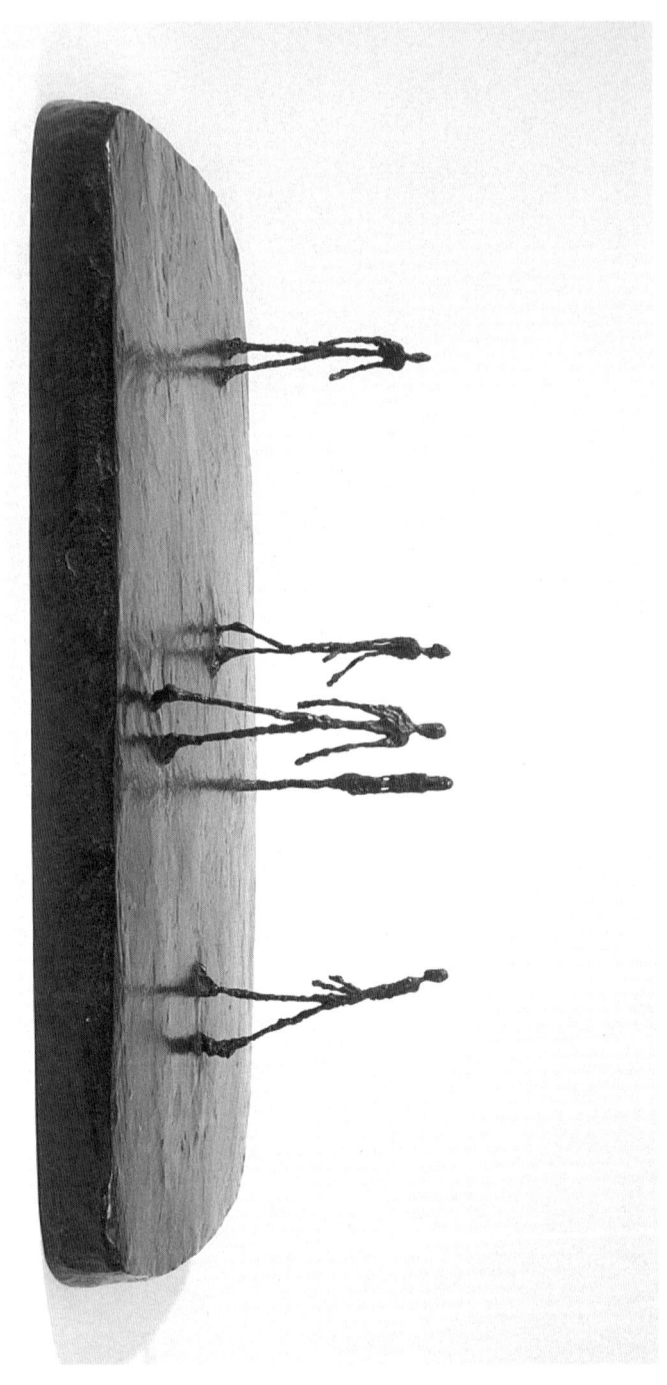

알베르토 자코메티 〈광장〉, 1947

알베르토 자코메티(Alberto Giacometti, 1901~1966)의 작품 〈광장〉은 무엇을 우리에게 보여주는가? 혹시 그것은 우리 자신이 갇힌 감옥은 아닐까?

광장은 근대라는 새로운 시대의 상징이다. 서로가 서로를 잘 아는 농촌공동체가 해체되었고, 익명의 이방인들이 모이되 서로 스쳐 지나갈 뿐인 도시의 광장이 생겨났다. 모두가 투표권자로서 동등하고 모두가 시민으로서 동등하며 모두가 서로를 모른다는 점에서 동등하다. 자코메티가 관심을 둔 것도 이 공간화된 근대의 풍경일 것이다.

그러나 우리가 한 번도 근대인인 적이 없는 것처럼, 어느 도시의 광장이든 한 번도 근대적인 적이 없었다. 어느 도시의 광장이든 이 화면처럼 (이 화면의 공간화된 근대처럼) 황량하지는 않다. 잘 살펴보면, 도시의 광장은 숱한 지구의 곁숨들(비인간 존재물들)로 가득 차 있다. 건물의 벽돌과 콘크리트와 유리, 보도블록과 그 아래의 흙, 지하수, 분수대와 마트 안 패트병 안에 있는 물, 공기, 가로수와 풀, 새들과 곤충들, 보이지 않는 무수한 미생물들, 각종 동식물들의 변형물들인 음식과 옷, 각종 광물인 보석 등 이루 다 말하기 어려운 엄청난 양의 비인간 존재물들이라는 사건이 그곳에 들끓고 있다. 엉뚱하게 구부러져 서로의 안쪽으로 침투하는 그 물질들의 운동이 끊임없이 일어나는 하나의 '도시-장'이 바로 광장이다.

그러나 관심사가 자기 자신이거나 기껏해야 자기에

게 이익이 될 만한 좁은 범주의 타인들 뿐인 인간에게 이런 풍요의 세계는 전혀 감지되지 않는다. 오늘날 인간은 자신과 다른 인간만 보게 되었다는 점에서, 궁색한 마음세계에 갇히고 말았다. 그리하여 물질은 그 어느 시대보다 풍요로워졌지만, 정신은 그 어느 시대보다 가난해졌다. 인간의 탈자연화가 낳은 이 특수한 종류의 우주적 외로움은, 19세기 이후 점차 지구를 뒤덮기 시작했다는 점에서 거대한 근대적 관계 빈곤, 우정 빈곤의 감옥이다. 인간들만이 우뚝 서서 서로 다른 방향을 향하고 있는 〈광장〉의 풍경은 바로 이 감옥을 말해주는 것만 같다.

1.

　　자신과 다른 인간만이 존재하는 세계라는 감옥에 갇혀 있는 한, 그곳에 갇힌 자의 구원처는 오직 다른 인간의 손길뿐이다. 그 감옥 안에서는 이 세계의 다른 구성원들인 **사물들의 웅성거림**은 전혀 들리지 않는다. 우리 자신이 의지할 데 없는 외로운 신세라는 느낌에 젖는 것도, 바로 이 감옥 안에서이다.

　　외로움을 이해하려면, 고독부터 이해해야 한다. 고독은 독립된 신체를 지니고, 뇌가 발달한 척추동물이 느끼게 되는 기저 느낌이다. 이 유형의 존재물은 그 이전의 진화 단계에서 출현한 존재물보다 더 깊은 내면을 보유하고 있다. 달리 말해, 이들은 더 많이 자기의 내면으로 물러나 있다. 이러한 **존재의 후퇴**로 인해 필연적으로 경험하게 되는 단독감, 고독감을 우리는 우리 자신의 실존의 기본값으로 받아들여야만 한다. 누구라도 인간은 **지나치게 사밀**私密**적인 존재**이기에 고독감에 젖는다.

　　그러니 물리적 실재로서의 인간의 면모를 살펴볼 때, 우리는 사뭇 다른 결론에 이르게 된다. 의지할 이, 도움 청할 이웃이 단 하나도 없는 신세를 뜻하는 '혈혈단신孑孑單身'이라는 단어는 우스꽝스럽기 짝이 없다. 혈혈단신의 상태란 심리적으로는 가능한지 몰라도 물리적으로는 절대로 불가능하기 때문이다. 그러니까 "나는 지금 혈혈단신"이라는 표현은 어떤 기분 상태를 지시하는, 허구적이지만 가치 있는 (문학적인) 발언일 수는 있다. 그 표현은 신세 한탄의 표현으로서는 가치 있다. 하지만 그 표현은 언제나 실재의 진리에 반한다. 누구라도 사물들이 웅성거리는 공간, 비인간 존재물들이 자신들의 언어로 말을 건네며 다가오고, 부단히 개입하고 있는 시공간 밖에서는 아예 존재할 수조차 없기 때문이다.

사실, 우주의 그 어떤 사물도 고정된 채로 홀로 있지 않다. 심지어 "한 사물이 세계 어딘가에 있다"는 표현 자체가 실재를 왜곡한다. 이 지구상의 일물一物은 오직 그것을 둘러싼 장, 그것이 영향력을 행사하는 장과 함께만 운동하고 있다고 표현하는 편이 실재에 다가서는 더 나은 방법이다. 더욱이 물체와 언제나 함께하는 그 장은 텅 빈 곳이 아니라 무수한 물질들이 운동체로서 서로 간섭하고 서로에게 힘을 끼치는 시공간이다. 그리고 그 가운데 어떤 힘은 분명히 개별 생명체, 개별 인체를 돌보는 효과를 낸다. 이러한 물리적 장과 독립해서 존재하는 인체는, 적어도 우리가 속한 세계에는 없다. 혈혈단신인 인체는 우리 지구에 하나도 없다.

그러니까 인간 실존은 **물러나(후퇴해) 있음과 얽혀 있음의 양면성**을 지닌다. 우리는 언제나 물러나 있는 채로 얽혀 있고, 얽혀 있는 채로 물러나 있다. 물러나 있다는 것은 독백의 늪에 빠져 있다는 것이다. 그러나 그 물러나 있는 개별 인체는 언제라도 (자기 아닌 누군가와의) 대화 가능성의 바다에 잠겨 있다. 그 바다에 열려 있다고 표현해도 된다. 얽혀 있음은 곧

대화 가능성의 바다에 열려 있음이다. 사정이 이러한 것은, 우리를 둘러싼 그 바다가 실은 **정신의 바다**이기 때문이다. 인간의 삶, 그 기저에 흐르는 통주저음通奏低音Basso continuo은 **독백 상태와 대화 가능성의 이중주**, 즉 물러나 있음과 나와 있음의 이중주에 다름 아니다.

  우리 자신이 물러나 있을 때, 고독은 너무도 자연스러운 것이어서 심지어 느껴지지도 않는다. 물론 우리는 물러나 있을 때조차, 즉 언제나 대화 가능성의 바다에 나와 있다. 그러나 물러나 있을 때, 즉 자기의 내면에 침잠해 있을 때 우리는 무언가를 생각하고 기억하고 상상하느라 (정보를 처리하느라) 바쁘다. 그때 우리는 이미 일종의 대화 상태에 있다. 작은 정신의 바다가 우리를 꽉 채우고 있다. 따라서 이때 우리는 고독하지만, 외로움이라는 부정적 정서 상태가 우리의 내면에 침습할 틈은 없다.

  그러나 자기 대화, 자기 침잠의 시간을 빠져나와 있을 때는 사정이 다르다. 만일 그때 우리가 타자와 대화할 가능성을 전혀 느끼지 못한다면 어떨까? 외로움은 우리의 타자 연결 지향 욕망이 좌절되는 상황에 대한 정서적 반응이다(라르스 스벤젠 2019). 그러나 이 욕망은 그저 연결의 욕망일까? 그보다는 친밀감에 대한 욕망이라고 봐야 할 것이다. 즉, 외로움은 친밀감이 결핍된 상황에서 이를 갈구하는 욕망이다. 그러니까 외로움은 하나의 감정이라기보다는 친밀감과 친밀한 상태를 향하는 **인간의**

근원적인 갈망이다(다이앤 엔스 2025: 51).

친밀감 충족욕이 실패로 귀결된 상황에서 흔히 우리가 외롭다는 느낌으로 경험하는 이 근원적 갈망 상태의 특징은 **고통**이다. 외로운 이들은 "친밀함에 대한 욕구를 충족시키지 못해 고통받는 사람들"이며, 외로움은 "극도로 불쾌하고 강렬한 경험"(다이앤 엔스 2025: 54에서 재인용)이다. 외로움이 고통스러운 것은, 아마도 우리 인간이 존속하기(생존하기)만큼이나 결합하기(연대하기)를 제 존재 목적으로 삼는 우리 우주의 존재물이기 때문일 것이다. 외로움은 중요한 존재 목적 실현(자기실현)의 실패 상황을 뜻한다. 결합하기라는 자기실현의 과제가 실패로 돌아갈 때, 우리는 고통스러운 갈망 상태에 놓인다. 그것이 바로 외로움이다. 외로움은 **존재의 질병**, **존재의 고통** 상태다.

2.

그러나 이 고통과 불쾌의 상황은 객관적으로 그저 주어지기만 하는 상황은 아니다. 타자와의 친밀감을 경험하지 못하는 우리 자신의 (주체로서의) 무능력이 이 상황을 구성하고, 그리하여 이 갈망을 촉발한다. 그런데 이 무능력은 우리 자신이 처해 있는 대화 가능성의 바다라는 실재를 알아차리지 못하는 무능력과 직결되어 있다.

에피소드 하나를 소개하며 이야기를 이어가고자 한다. 약 1년간 외국 생활을 하고 돌아온 어느 지인과 잠시 이야기를 나눌 기회가 있었다. 그때 그는 이런 이야기를 들려주었다.

어느 여름날이었죠. 산책하러 밖에 나갔는데 그날 거리에 사람이 하나도 없더라고요. 거리에도 없고, 공원에도 없고. 그러니까 그 어떤 소리도 들을 수가 없더라고요. 사막 같더군요. 얼마나 공포스럽던지…다른 건 다 괜찮은데, 그게 너무나 견디기 힘들었어요. 그래서 한국으로 되돌아왔죠.

그는 그곳의 침묵을, 인적 없음을 견딜 수 없다고 했다. 그러나 그의 마음을 무섭게 짓누른 것은 단순히 침묵과 인적 없음이라기보다는 타자와 연결될 가능성과 누군가와 친밀감을 느낄 가능성이 철저히 차단되어 있다는 느낌, 즉 공포스러운 수준의 단절감이라고 해야 할 것이다. 자코메티의 〈광장〉을 압도하는 분위기. 대화 가능성이 막혀 있음. 철창에 갇혔다는 느낌.

외부세계와 단절되었다는 느낌에서 오는 압도적인 공포는 나도 경험한 적이 있기에, 그가 느꼈을 공포가 무엇일지는 충분히 상상할 수 있었다. 하지만 공포를 불렀던 그 무시무시한 단절감은 대체 어떻게 가능했던 것인지 좀 더 따져볼 필요가 있다.

그가 당시 느꼈을 단절감과 그 결과물인 공포감은 그를 둘러싸고 있던 사물들의 웅성거림을, 대화 가능성의 바다를 감지하지 못했던 그의 무능력과 관련 깊으리라는 것이 나의 생각이다. 정작 그의 주변세계에서 웅성거리고 있던 숱한 비인간 존재물들의 정신적-물리적 실존을 감지하지 못했던 그의 무능력이야말로 그 단절감의 한 기원이지 않을까? 분명 나무와 풀들, 벌, 파리, 나방들, 공원의 풀 아래쪽 흙 속에서 시끌벅적하게 살아가는 미생물들이 산책하는 그의 주변에 가득 차 있었을 것이다. 공원의 풀과 흙, 거리의 어딘가에서 나는 바스락거리는 미세한 소리들이 있지 않았을까? 풀 향기와 바람을 타고 코로 들어오는 어떤 냄새가 있지 않았을까? 흙이나 돌, 바위, 또는 땅의 느낌은 어떨까? 기체라는 것을 우리의 살에 연결해주는 바람은 어떨까? 이들의 활기찬 생명과 언어를, 이들의 웅성거림을 알아차리지 못했던 그의 무능력, 이들에 대한 전적인 그의 무관심이야말로 당시 그가 느꼈을 단절감과 공포감의 한 원천이 아니었을까?

    우리의 작은 신체가 담긴 바다는 언제나 이미 우리의 작은 신체에 열려 있다. 정신-물질로 된 그 바다는 우리의 개별 신체 쪽으로 언제나 이미 얽혀들고 있고 스며들고 있다. 살아가는 일이란, 개별 신체가 그 바다에 문을 여는 일이 아니다. 그 문은 우리가 태어날 때부터 이미 열려 있었다. 그 바다에 빠지지 않은 채 살 수 있는 개별 신체는 이곳에 없다. 삶이란 그 바다에 잠겨 있음이므로.

    그 바다는 대화 가능성의 바다이기도 하다. 하지만 이 대화 가능성의 바다는, 정신적이고 물리적인 실재로서의 바다와는 달리 우리에게 늘 열려 있는 것이 아니다. 아니, 대체로 우리는 이 대화 가능성의 바다에 잠겨 있지 못하다. 그 바다를 이루고 있는 각 존재물의 물러남이라는 한계 때문이고, 인간 예외주의라는 오만한 생각 때문이고, 사물에 대한 오해와 무지 때문이다. 여러 장벽이 대화 가능성의 바다에 잠기는 일을 가로막고 있다. 그러나 길거리에서 우연히 낯선 이와 한두 마디 의미 있는 말을 섞으면 벽 같던 타자가 나의 대화 가능성의 장 안으로 갑자기 진입하듯, 문을 두드리기만 하면 대화 가능성의 바다는 우리의 삶에 실재하게 된다.

3.

웨일즈의 작가 마크 헤이머Marc Hamer는 세상과 연결되어 있다고 느끼는 사람이라면 결코 혼자라고는 느끼지는 못할 것이라고 주장한다—"장미꽃은 열려 활짝 피었고, 나는 내 삶과 이 세상을 사랑하고, 이 세상과 깊이 연결되어 있다고 느낀다. 땅 위에 있는 먼지투성이의 내 맨발이야말로 뿌리들이다. 혼자라고 느낀다는 것은 불가능한 일이다"(마크 헤이머 2024: 255). 마크 헤이머는 맨발로 흙을 밟은 채, 또는 맨발로 흙을 밟고 있다가 곧바로 이 글을 쓴 듯하다. 바로 이 느낌 속에서 그는 자기가 이 세상과 끈끈히 연결되어 있고, 이 세상에 깊이 뿌리내리고 있다고 느낀다고 썼다. 그리고 자기가 이렇게 느끼는 한, 자기를 결코 혼자라고 느낄 수는 없다고.

그러나 마크 헤이머가 말하는 '이 세상'이란 무엇일까? 그는 '이 세상'을 채우고 있는 것들을 자세히 말하지는 않으면서 지금 장미꽃이 피어 있다고만 말한다. 그러니까 그가 말하는 세상은 우리가 흔히 자연이라고 부르는 곳이거나 지구일 것이다.

그렇다면 이런 질문을 던지고 싶다―자연과 깊이 교감할 때 우리는 단절감을 느낄 수 없는 것일까? 여기서 문제가 되는 것은 이 **'자연'의 정체**다. 무엇이 자연일까? 우리는 대체로 인공물을 자연물과 다른 것으로 간주하곤 한다. 가령 종이책은 나무와는 다르고, 반도체는 게르마늄(희토류)과는 다른 사물이라는 것이다. 그러나 나무나 게르마늄 없이 종이책과 반도체가 생산될 수는 없다. 종이책과 반도체는 자연물에 기술력을 가해서 자연변형물을 창조하는 작업, 브뤼노 라투르가 '**번역**translation'이라고 부른 작업의 결과물, 즉 일종의 하이브리드일 것이다. 즉, **완전히 순수한 의미의 '인공물'** 같은 것은 이 지구에 없다. 인간 자체가 자연물이므로, 그 자연물(인간)에 의한 변형물 역시 완전히 순수한 비자연물, 즉 순수한 인공물이라고 보기는 어렵다.

라투르는 한편으로 이와 같은 '번역'의 실천이 수행되면서 동시에 인간/비인간의 경계가 날카롭게 구획되는 '**정화**purification'의 실천 역시 수행되어왔다고 주장한다(브뤼노 라투르 2009: 4-7). '정화'는 무서운 효과를 낸다. 오늘날 우리가 인공물로 가득 차 있다고 느끼는 우리의 세계(집, 마을, 도시)가 자연세계와는 엄연히 이질적이라는 생각이 바로 그 효과다. 이런 암적인 사고에 따르면, 자연세계는 자연세계이고, 인간세계는 인간세계이다. 후자는 순수하게 인간적이다. 그곳은 야생의 공격으로부터 안전한 인간 유토피아, 인간의 과학기술이 자연력으로부터 인간을 돌보는 무균실의 공간이다. 인간 기술력 진보의 눈부신 산물. 기술 만세! 도시 만세!

   이것은 어설프고 어리석은 근대적 상상물이지만, 그렇게 단언하고 가볍게 무시하고 지나가기에는, 아직 그 힘이 너무도 막강한 상상물이다.

   이러한 상상물이 속삭이는 것과는 달리, 인간세계는 언제나 자연세계를 기반으로, 자연세계의 간섭을 받으면서만 존재해왔다. 아니, '인간세계'라는 단어를 주어로 쓰는 한, 엉터리 문장의 산출은 불가피하다. 독립적이고 무균질한 것으로서 인간세계를 하나의 주어로 삼아서는 안 된다. 책과 컴퓨터, 컵과 스마트폰, 책상과 의자, 옷과 장신구, 그리고 그것들을 품고 있는 콘크리트 건물, 전선과 전력—내가 이 글을 쓰고 있는 이곳을 채우고 있는 이 모든 제작물은 하이브리드이고, 동시에 특정한 기체환경, 수분환경, 중력장 등의 특정한 물리적 장 안에서만 지속가능한 물질들이기도 하다. 우리가 어디에 있든, 자연이 없는 곳, 지구가 없는 곳은 없다.

   그렇다고 유기물과 무기물의 차이는 무시할 만한 것

이라고 말하고자 하는 것은 아니다. 도롱뇽과 머크컵은 다르다. 그 둘 사이에는 유의미한 차이가 충분히 있다. 머그컵에는 도롱뇽 같은 유기물이 보여주는 수준의 지능과 능력이 부재하다는 진단이 틀린 것은 아니다.

    그러나 이처럼 차이를 강조하는 **차이 담론**은, **공통성 담론**에 의해 보완될 때만 비로소 유효하고 가치 있다. 왜냐하면 줄곧 차이 담론이 공통성 담론을 압도한 채로 공통성 담론의 목을 졸라왔기 때문이다. 생물과 무생물에는 중대한 차이가 있지만, 그 둘의 공통성, 공통적 기원 역시 그런 차이만큼이나 충분히 알려지고 언급되어야 온당하다. 그래야 우리는 우리의 지구와 우주를 합당하게 서술한다고 말할 수 있다. 자연물/인공물을 날카롭게 구별하는 **정화하는 시선**을 거둘 때가 되었다.

    이 시선의 거둠은, 대화 가능성의 바다인 세계 자체로의 개방이다.

4.

    자연물/인공물, 자연/도시 같은 이분법적 단절선은, 법조인처럼 말해본다면, 그 실익이 없다. 이 발언에 다른 하나의 발언을 추가하고 싶다―(인간)기술권을 채우고 있는 그 어떤 인공물도 악마 같은 존재로 취급되어서는 안 된다. 심지어 플루토늄이나 핵발전소나 핵폐기물, 시멘트, 굴착기, 핵미사일, 사드THAAD 레이더, 항공모함 같은 인명 살상용 기계장치 역시 그렇다. 물론 이런 물질들은 자연으로 재흡수되는 시간이 너무 길거나, 여러 생물의 안녕이라는 이익을 크게 훼손하고 교란할 수 있다는 점에서 그 생산이 장려되어서는 안 되는 것들임이 틀림없다. 그러나 이런 물질들 역시 그것이 이미 제작되고 말았다면, 그것에 대한 태도를 달리해야 한다. 그것을 괴물 취급해서는 안 된다는 말이다. 장애인을 차별할 권리가 우리에게 처음부터 없는 것과 거의 같은 이치에서, 알락꼬리마도요나 해무의 아름다움과 대비된다는 이유로 이런 물질을 깔보고 무시하는 태도 역시 용납되어서는 안 된다.

하지만 정확히 어떤 이유에서 이렇게 말할 수 있을까? 시멘트와 콘크리트는 좋은 사례가 될 만하다. 시멘트 생산 과정에서 배출되는 이산화탄소 양은 전체 이산화탄소 배출량의 6%에 이른다고 보고되고 있다. 시멘트는 어떻게 세상에 나올까? 시멘트를 제조하려면 규산염이 필요하다고 한다. 규산염을 얻으려면 산화칼슘이 필요하다고 한다. 산화칼슘을 어떻게 얻을 수 있을까? 최초 공정은 석회암을 모으는 것이다. 석회암은 탄산칼슘 덩어리인데, 섭씨 800도 이상의 고온에서 가열하면 이 과정에서 석회암 결정체가 분해되어 이산화탄소는 공기 중으로 날아가고 칼슘 가루와 산소가 남는다. 이렇게 시멘트 회사의 공장주는 산화칼슘을 얻게 된다. 바로 이 산화칼슘을 규산염으로 변형해 시멘트를 제조하고 있다. 그러니까 시멘트를 만들겠다고 석회암을 모아놓고 그 안에서 탄소를 뽑아내 공기 중으로 내보내는 짓을 반복하고 있는 셈이다. 이산화탄소 배출량 감축을 위해서라도 시멘트 생산량은 당연히 축소될 필요가 있다.

하지만 그렇다고 이미 생산된 시멘트를 악마시할 이유는 없다. 시멘트라는 물질의 대부분은, 석회암의 변형물인 산화칼슘의 변형물인 규산염이다. 규산염을 이루는 물질은 규소, 산소, 칼슘이다. 문제는 이 세 원소의 원자들이 인체를 구성하는 원자들이기도 하고, 인체만이 아니라 숱한 자연물을 합성해내는 지구의 기본 물질들이라는 사실이다.

시멘트 제조의 주춧돌이 되는 석회암 역시 흥미로운 암석이다. 바닷물의 표면을 유영하는 조류는 진화 과정에서 이산화탄소와 칼슘으로 된 작은 껍질을 만들어냈다고 한다. 조류의 몸은 그 일부가 탄산칼슘인 셈이다. 그리하여 이들이 죽으면 탄산칼슘이 해저에 쌓이게 된다. 시간이 지나면, 해저에 쌓인 조류의 사체 위에 산호를 비롯한 다른 유기 물질들이 켜켜이 쌓이게 된다. 그리고 그 위에 모래와 진흙 같은 것들이 쌓이게 된다. 마침내 이 해저 물질들의 결합물은 고체 석회암이 된다(아니아 뢰위네 2023: 138-139). 그렇다면 시멘트의 원료인 석회암은 해저의 유기물과 무기물의 결합물인 셈이다. 석회암은 바다 생물과 바다 광물의 결합물이다. 시멘트에는 바다의 향기가 배어 있다.

석회암으로 만든 시멘트를 곱게 간 모래, 자갈과 섞은 것이 일명 '단단한 물질', 즉 콘크리트concrete다. 그런데 시멘트의 주성분(규산염)이 규소, 산소, 칼슘이듯이, 모래와 자갈 역시 그 주요 성분은 규소와 산소. 언뜻 콘크리트 구조물은 자연에 반하는 '나쁜' 인공물 같아 보이지만, 실상 이것은 규소, 산소, 칼슘처럼 지구에 흔하디흔한 물질들이 독특한 방식으로 결합된 합성물일 뿐이다. 시멘트와 콘크리트는, 우리 은하와 태양계와 지구의 시각에서 보면, **인간의 먼 친척**이다.

더욱이 시멘트도, 콘크리트도 일종의 **피해자적 성격**을 지닌다고 봐야 한다. 그것들은 인간이 인간의 필요를 충족하기 위해 자연물을 변형해 제조해낸 물질들일 뿐, 그 자체로 누군가를 가해할 의도를 품고 있는 물질들은 결코 아니다. 그 생산 공정에서 이산화탄소를 배출하기에 질타의 대상이 되는 시멘트도, 잘 생각해보면 점착성粘着性 좋은 물질인 규산염을 원하는 인간에 의해 **부당하게 변형된 물질**일 뿐이다. 심지어 탱크도, 미사일도 부당한 방식으로 (즉, 어떤 생물에게 해로운 결과를 초래할 힘을 내장하는 방식으로) 조립되고 만 물질이라는 점에서는 비슷한 처지라고 할 수 있다. 그러니까 이 물질들은, 제 유전자가 부당하게 변형된 콩이나 부당한 방식으로 성장호르몬제를 투여받은 송아지의 비생물적 대응물이다.

만일 우리가 이런 식으로 이 물질들을 바라보기 시작하면, 우리는 이들을 얼마든지 다른 마음새로 대우하고 처리할 수 있다.

하지만 그 다른 마음새란 어떤 것일까? 시멘트, 콘크리트 같은 물질들에 대해 우리가 가져 마땅한 감정은 그들을 존중하는 마음과 더불어 그들을 불쌍히 여기는 마음(측은지심惻隱之心)이지 않을까? 강제 동원이라는 단어를 들으면, 우리는 일제강점기의 강제 동원을 생각한다. 하지만 우리의 안락한 모던 라이프의 구조물의 밑에는 무수한 비인간 사물들의 **강제 동원**이라는 사건이 깔려 있다. 콘크리트를 만드느라 석회암과 모래와 자갈이 강제 동원되었다. 가로수를 만드느라 벚나무와 은행나무와 양버즘나무가 강제 동원되었다.

게리 스나이더Gary Snyder는 이러한 생각에서 한 걸음 더 나아간다. 그는 어느 마을에 건설된 **콘크리트 도서관 건물**이 실은 강바닥을 그대로 세운 것과도 같다는 의견을 내놓는다. 그는 그 건물이 "장구하고 유용한 생명을 누리기를" 희망하면서 그것이 "물에 씻긴 자갈들의 변형이며, 강바닥을 직립으로 세운 것이라고 할 수" 있다고 단언한다. 건축가들에게서 들은 말에 따르면, 그 건물이 "스타니슬라우스 강 유역의 옛날 강바닥으로 만든 것이나 다름없다"면서 "강은 이렇게 해서 이곳을 방문한 것"이라고도 말한다(게리 스나이더 2005: 252). 스나이더의 생각은, 인간세계와 자연세계 사이에 거대한 장벽을 세워온 근대인의 생각과는 정 반대편에 있다. 그의 시각에서는, 강바닥이라는 자연이 인간의 손을 타서 콘크리트 건물로 변신해 있을 뿐이다.

만약 강을 존중해야 한다면, 강바닥에 있던 것으로 만든 콘크리트 건물도 존중해야 하지 않을까?

제작물에 대한 다른 시선은 자연 자체, 우리가 살고 있는 이 세계에 대한 다른 시선을 낳는다. 나아가 자연과 교감한다는 것, 자연과 연결되어 있다고 느낀다는 것이 무엇인지도 처음부터 다시 생각하게 한다.

5.

생물과 비생물, 생물적인 것과 비생물적인 것(인공적인 것, 기계적인 것을 포함) 사이에 설정된 강철 단절선을 잘라내야 비로소 우리가 사는 세계의 실상이 비로소 우리의 눈에 들어오기 시작한다.

근대의 형이상학은 인간을 최정점으로 삼는 위계적 자연질서관을 구축했다. 이 형이상학은 유기물(생물)을 무기물(비생물, 비유기물)보다 상위의 존재물로 가정한다. 다윈 이후 변형된 이 형이상학에서 생물의 진화는 곧 역사의 진보와도 같고, 따라서 인간의 진화로 이어진 생물 진화라는 사건의 기반일 뿐인 비생물 존재물들은 인간이 포함된 생물 존재물들보다 하위의 존재여야만 한다. 이런 식으로 근대적 색채의 형이상학은 유기물/무기물, 생물/비생물을 가르는 절대적 구별선을 필요로 한다. 그 날카로운 단절cut이라는 기반이 있어야 비로소 그 위에서 인간/비인간이라는 또 다른 날카로운 단절도 타당해진다.

동일한 가정은 (서구의) 종교적 신앙에서도 발견된다. "생물은 물질과는 크게 다르다"는 주장, 그리고 "인간의 삶은 모든 다른 생물과는 질적으로 다르다"는 주장이 핵심 초석들이 되어 유일신교 신앙을 지탱하고 있다(Jane Bennett 2010: 86).

그러나 이러한 형이상학의 가정, 신앙의 가정은 비생물 존재물들의 엄청난 행위력이 드러나고 있는 오늘의 시대에 너무도 궁색해졌다. 석탄, 석유, 가스는 생물이 아니지만, 고온의 열기와 만나 이산화탄소를 대기에 배출하는 효력을 발휘한다. 이산화탄소 역시 세포 같은 복잡계가 아니라 지극히 단순한 분자에 불과하지만, 지구를 가열하며 지구 곳곳의 이상 기후를 유발하는 동력원으로서 무시무시한 위력을 행사한다. 바다에 집적된 열의 변형물인 태풍은 어떤가. 집중 호우로 인해 30분 만에 돌연 불어난 강물, 그 어떤 동물보다도 힘이 세 보이는 순식간에 쏟아지는 계곡물, 그 물 분자들의 힘은 얼마나 대단한가. 이들은 단순 구조의 분자 덩어리에 불과하지만 마치 자신들이 거대 생물이라도 되는 것처럼 무시무시한 괴력을 행사하며 지구 행성의 이곳저곳을 타격한다. 전기는 어떤가. 전기는 분명 생물은 아니다. 하지만 때로는 생물을 죽음에 이르게 하기도 하고, 지금 내 시야에 있는 노트북 화면을 밝혀 당신이 지금 보고 있는 이 문장들의 탄생을 돕고 있다.

물론 모든 오해는 오해할 만한 이유를 토대로 성립한다. 우리의 경우 생각해봄 직한 하나의 이유는, 우리가 사는 이 세상 또는 자연을 **공간의 질서**로 바라보는 사고의 습성이다. 이러한 사고 틀에서 보면, 사물은 공간을 점유하고 있는 것들이다. 이산화탄소나 태풍처럼 위협적인 힘을 과시하는 것들도 있지만, 그것은 대체로 예외적인 현상일 뿐이다. 다른 것들은 전부 공간 점유성, 공간 구속성이라는 성격에서 벗어나지 못한다. 예컨대 이런 사고 틀에서 보면, 연필 같은 기물은 그저 자연의 한 공간을 점유하고 있을 뿐 아무런 행위도 하지 않고, 아무런 수행력도 내적으로 갖추지 못한 것처럼 보인다. 그런 사물은 우리의 시지각 세계에서는 국소적 공간을 차지하는, 고정된, 변치 않는, 죽어 있는 사물로 지각되고 인지될 뿐이다.

6.

어떤 철학은 바로 이 오래된 오해를 해결하기 위해 분투한다. 어떤 철학자들에 따르면, 심지어 연필 같은 사물조차 시공간적으로 **사밀적인 존재들**이어서 인간의 눈에 고정된 사물로 보일 뿐이다.

    시간적으로 사밀적이라는 말은, 그 사물이 그 사용자에게 유의미한 시간(수개월, 수년, 수십 년)을 훨씬 넘어선 시간, 가령 수백만 년의 시간에 어떻게 변모할지가 그 사용자에게 은폐되어 있다는 말이다. 연필은, 그것이 어떻게 변모할지만 관찰하며 오백만 년 이상을 보내는 인간 관찰자에게는 자기를 드러낼 것이다. "만일 하나의 바위나 유리창이 녹아내리는 것을 관찰할 정도로 충분히 오랫동안 당신이 그것을 관찰하기만 한다면"(Morton 2023: 19) 바위나 유리창은 자신의 진정한 면모를 여실히 드러낼 것이다. 그러나 우리의 관찰은 언제나 단기적이다.

연필은 공간적으로도 사밀적이다. 즉, 그 내부에서 단 한 순간도 쉼 없이 진행 중인 전자들의 운동은, 그 연필의 표면을 스치는 중성미자의 운동은 (사용자의) 눈에 전혀 잡히지 않는다. 연필이라는 작은 사물 내부의 각 원자들 안에 숨은 거대한 공간은, 인간의 지각력과 상상력을 초월해서 실재한다.

신유물론 진영의 철학자들이 이런 의견을 개진하기 시작하기 거의 백 년 전, 에른스트 블로흐Ernst Bloch 역시 비슷한 생각을 표명했다. 인간은 사물들의 "앞면 혹은 윗면만, 사물들의 기술적 친절함과 우호적인 통합만" 알고 있을 뿐, 사물들의 "밑면"이나 "사물 전체를 둘러싸고 띄우는" 원소는 보지 못한다는 것이다. 블로흐가 보기에, 우리의 감각으로는 붙잡을 수 없지만 사물들에게는 각자의 **고유의 삶**이 있고, 그것이 인간의 의도를 가로막는다(한병철 2022: 74-75에서 재인용). 사물 또는 "존재물의 **고유한 본질**haecceity"(Mathews 2003: 19)은 인정과 인식과 이해의 대상이다.

연필이 지닌 시공간적 사밀성을, 연필이 **후퇴**해 있다[물러나 있다]는 문장으로 표현해도 될 것이다. 연필은 시각 본위로 세계를 지각하는 인간으로부터 후퇴해 있고, 오직 그 상태에서만 존속하고 있다. 물론 연필만 그런 것도 아니고, 어떤 사물이 인간으로부터만 후퇴해 있는 것도 아니다. "모든 존재물은 서로 동등하게 후퇴해 있다"(Shaviro 2014: Kindle Loc 514)고 봐야 한다.

연필심인 흑연 역시 사용자로부터 후퇴해 있다. 그러나 연필심을 이루는 분자들은 상대적으로 쉽게 제 행위력을 세계에 드러낸다. 사용자의 손이 연필을 쥐고 흰 종이 표면과 연필심이 서로 마찰하도록 손의 근육을 쓰는 상황에서, 그 사용된 근육량이 특정 수준, 즉 **특이점**을 넘어서면 흑연을 구성하는 탄소 분자구조물(그래핀)의 윗층이 한 꺼풀씩 흰 종이 표면으로 옮겨 붙게 된다(한정훈 2020: 217-218). 종이에 옮겨붙는 그래핀의 행위력은 오직 손가락 근육 사용량이 특이점을 지난 이후에만 세계에 공개 또는 분출된다. 이처럼 특이점을 넘어서면, 사물은 특유의 행위력을 세계에 **분출**한다. 사물은 그것이 원자 기반 물질인 이상 일정한 행위력을 보유하고 있지만, 그렇다는 사실은 언제나 특이점을 통과한 이후에만 세계에 비은폐된다.

스티븐 샤비로Steven Shaviro는 사물들의 후퇴와 분출이 사물들의 자율적인 힘을 보여준다고 말한다. "사물의 후퇴와 분출은 모두 우리가 그것에 관해 수집하는 것 **이상의 것**을 증명하는 운동들"이라는 것이다. "어떤 사물에 관한 특징이나 성질의 목록을 아무리 넓혀도 그 사물은 그 목록에 의해 결코 완전히 정의될 수 없다." 왜냐하면 그 사물은 인간이 파악한 그 특성들을 넘어서서 "자기만의 고유한 자율적인 힘을 보유하고 있기 때문이다"(Shaviro 2014: Kindle Loc 859, 강조는 인용자). 사물 각각의 고유한 본질이 인식되고 존중되어야 한다.

어떤 종류의 사물의 후퇴와 분출은, 사물의 **외부성**, **저항**, **완강함**intractability이라는 표현을 통해 더 잘 파악되는 듯하다. 플루토늄, 플라스틱 쓰레기, 온실가스 같은 하이퍼-객체들(또는 다른 식으로 번역해 초-존재물들)은 인간에게 특히 외부적이다. 그것을 통제하려는 인간의 희망을 간단히 무시하고 초월하며 이들은 자기 나름의 문법에 따라 존속한다. 이들은 인간 사회 안에 완전히 포섭되기를 완강히 거부한다. 오히려 방사능 물질이 되고, 미세플라스틱이 되고, 지구의 기온을 높이며 마치 귀신처럼 생체生體를 교란하고 지구를 유랑한다. 이들이야말로 **우리 시대의 귀신들**이다. 그리하여 이 사물들은 끝내 인간의 외부에 남는다(이진경·최유미 2024: 39-40).

사물의 외부성은 사물의 저항성이기도 하다. 인간은 어떤 사물을 "자기 뜻대로 할 수 있는 것으로 내부화하고자 하지만, 그렇게 내부화될 때조차 사물(res)들은 (…) 저항한다." 아니, 저항은 인간의 입장에서 인간이 느끼는 어떤 성질일 뿐이다.

사실 사물은 "저항한다는 생각도 없이 인간의 이성 바깥에 다시-선다"(이진경·최유미 2024: 40). 다시 말해, 이 사물들의 존재양식과 행위양식에는 인간이 완강한 거부나 저항이라고 느끼게 되는 면모가 있다.

이러한 사물의 면모를 **사물의 고집**이라고 표현해도 그리 빗나간 것은 아니다. 사물은 "자기 고유의 법"에 따라 자기 멋대로 존속한다. "사물의 고집"이라는 것은 실재한다(한병철 2022: 82). 사실 모든 사물이 고집스럽지만, 플루토늄과 플라스틱 쓰레기와 온실가스는 그 활동의 위력이 인류를 놀라게 할 정도로 위협적이기에 우리에게 유독 돌올하게 느껴질 뿐이다. 그러나 모든 사물은 조금씩은 인간에게 외부적이고, 조금씩은 인간에게 완강히 저항하며, 제 고집에 따라 제 고유의 삶을 살아가고 있다.

개인의 방 안에 놓인 모든 기물 역시 그렇다. 예컨대 내 손 안에 쥔 유리잔은, 그걸 내 마음대로 쥐고 사용하는 동안은 완벽한 나의 소유물, 도구이고 그런 전에서 '내부화된 사물'처럼 느껴진다. 내가 갑자기 욱 하는 심정에서 그 유리잔을 깨뜨린다면, 그것이 나의 소유물이라는 사실이 한층 더 입증된 것처럼 보인다. 그러나 손으로 쥐고 있을 때나 깨뜨릴 때나 내게 완전히 포섭되지 않는다는 유리잔의 성질, 유리잔의 외부성은 불변한다. 유리잔은 나라는 외부 존재물의 힘만이 아니라 다른 힘들, 즉 강한 핵력, 약한 핵력, 전자기력, 중력이라는 우주의 기본적 힘들로부터도 영향을 받으며 존속하고 있다. 이 유리잔 표면의 분자들은 어떤 액체의 분자가 제 표면에 닿을 때 그것에 적극 반응한다. 어떤 액체가 표면에 닿지 않을 때에도 유리잔을 이루는 원자들 안의 전자들은 분출의 기회를 기다리며 쉼 없이 운동을 지속하고 있다. 이런 저간의 사정은 그 형태가 깨진 이후의 몸, 즉 유리 파편의 경우도 대체로 동일하다. 그리고 이른바 그 유리잔의 소유자인 나는 우주의 네 가지 힘과 유리잔의 관계, 유리잔을 이루는 원자들과 그 안의 전자들의 운동에 철저히 외부적이다.

이처럼 인간에게 즉각적인 도움을 주는 인간의 도구나 노예 같은 느낌으로 다가오는 사물들조차 어느 정도는 반드시 인간에게 외부적이다. 그것의 **자율성**, **고집**, **저항**을 인간은 어찌해볼 도리가 없다. 사실 이것이야말로 모든 사물이 보유하는 '**객체성**'이라는 본질이다. '객체object'라는 단어의 어원은 라틴어 동사 '오비케레obicere'인데, 이것은 "맞세우기, 맞은편으로 던지기, 반대하기"를 뜻한다(한병철 2022: 38). 객체라는 말은, 처음부터 자기 아닌 누군가에 대해 맞서고, 반대하고, 반발하는 무언가로서 기호화되었다.

모든 사물에 어느 정도는 내재하는 저항, 고집, 객체성, 맞서는 자다움-반발하는 성질을 인정해야 하지 않을까? 객체지향존재론자들이 말하는, 사물에 대한 접근의 **근본적 유한성**을 인정해야 하지 않을까? 우리 자신을 포함하여 우주 내 모든 사물의 신비스러움을 인정해야 하지 않을까? 우주 내 모든 사물은 **전부가 알려지지는 않는 자**라는 공통점을 지닌다. 우리는 어떤 사물을 알려고 하고 어느 정도는 알 수 있지만, 그것은 우리나 그 어느 누구에 의해서도 완전히 다 인지되거나 이해될 수는 없을 것이다. 앎의 노력이 무용하다는 것이 아니다. 각자의 내면세계, 맞서는 자로서의 면모로 인해 전부 다는 알려지지 않는다는 진리를 수용하는 것이 필요하다는 것뿐이다.

모든 사물의 사밀하며 자율적인 운동, 그 은폐된 운동, 고집스럽고 때로는 저항하는 듯한 사물들의 운동을 좀 더 시적으로 표현한 말이 바로 **사물의 웅성거림**이다. 사물들은 우리 주위에서 언제나 그들 고유의 언어로 웅성거리고 있다. 우리 주위는 "소리 없는 목소리들로 가득 차 있다"(로베르트 무질, 《소년 퇴를레스의 혼란》; 한병철 2022: 77에서 재인용). 그것은 우리의 귀에 의미 있는 신호로서 포착되지 않기에 우리는 그것이 '소리 없다'고 해야 한다. 하지만 특정 존재물들에게는 특정한 형태로 그 신호가 감지된다는 의미에서는 일정한 '목소리'라고 해야 한다. 그늘은 그들 나름의 언어로 웅성거린다. 인간의 귀가 그 언어의 실재 여부를 판가름하는 척도여야 하는 필연적인 이유는 없다.

우리가 어디에 있든 우리는 이 웅성거림에 둘러싸여 있고 이 웅성거림의 세계를 빠져나갈 수 없다. 왜냐하면 우리는 우리 각자의 어머니의 몸 안에서 시작될 때부터, 이미 그 웅성거림 안으로 들어온 자들이기 때문이다. 아니, 어머니의 몸 안에서 형성될 때부터 우리 각자의 내부를 바로 그 웅성거림이 채우고 있었다.

  이것은 괴로운 현실일까, 아니면 반가운 현실일까?

7.

  우리가 철저한 단절감, 외로움, 그로 인한 공포감이라는 부정적 감정의 노예가 되는 이유를 단 하나의 메커니즘으로 설명하기는 어려울지 모른다. 하지만 우리가 그런 상태가 되는 중요한 하나의 이유는 말할 수 있다. 그것은 우리가 이 세계의 웅성거림, 사물의 웅성거림을 알아차리지 못하기 때문이다. 지독히 외롭다는 느낌은 이 웅성거림으로 가득 찬 세계의 실재에 대한 무지에서(도) 기원한다. 반대로 말해, 우리에게 필요한 처방은 그 무지로부터의 해방, 즉 앎이다.

  오늘의 1인 가족 시대에 그 1인이 느끼기 쉬운 단절감, 외로움은 결코 좌시할 수 없는 중대한 사회문제다. 그 부정적인 상황이 장기간의 우울, 절망감으로 이어져 개인을 밑도 끝도 없는 불행으로 끌고 가지 않던가. 그리하여 오늘날 많은 이들은 이런저런 반려생물을 집 안에 들여서 단절감, 외로움이라는 바이러스가 자신의 내면을 파괴하지 않도록 분투한다. 하지만 이 역시 근시안적인 처방일 뿐이다. 근본적인 처방은 웅성거리는 사물들로 가득 차 있는 이 세계, 즉 우리가 문을 두드리면 열리는 대화 가능성의 바다에서는 단절이 애당초 불가능하다는 진리에 각자가 눈을 뜨는 것이다. 친밀감의 경험이 가능한 장을 인간 세계로 국한하지 않는 것이다.

이 세계에서 개인의 단절과 고립은 처음부터 불가능하다. 왜 그렇다고 말할 수 있을까? 우선, 당신과 나의 살아감 자체가 비-단절, 비-고립의 유지이고, 비-단절, 비-고립이라는 상태(여건)를 필요로 한다. 우리 행성 지구 안에 펼쳐진 온생명적 실재 또는 공생적 실재에 연결되지 않은 채로 살 수 있는 인간은 하나도 없다.

주의할 것은, 이 실재가 어떤 전체로서의 실체가 아니라는 것이다. 이 실재와 나의 관계는 전체와 부분의 관계가 아니다. 이 실재는, 그것을 구성하는 무수한 작은 존재물들이 특정한 형태로 공존, 공생함으로써만 그 자신으로서 존속된다. 그 공존성, 공생성이 나의 생존의 절대 조건이다. 삶이란 연결되어 있음, 얽혀 있음, 감염되고 감염함, 공존하고 공생함, 공생산함, 연대함 그 이상도 그 이하도 아니다.

그러나 이것을 철두철미하게 알았다고(알아차렸다고) 해도 문제가 해소되는 것은 아니다. 그 앎 자체가 그 공존자, 공생자들과 친밀하게 교감하고 싶다는 욕망을 해소해주지는 못하기 때문이다.

따라서 문제 해소의 길은 존재의 얽힘만이 아니라 나

와 비슷하되 내가 아닌 자, 즉 객체-존재물로서 이 우주에 존재하게 된 타자 각각을 이해하는 것이다. 이산화탄소, 연필, 우산이끼, 버드나무는 자율적이고 고집스러운 자들로서 자기들의 언어로 웅성거린다. 그러나 이런 웅성거림을 이해했다고 해서 이들을 전부 이해했다고 보기는 어렵다. 사물들의 고유한 목소리, 그들의 자율적 실재를 알아차리는 것 말고도, 그 사물들과 우리 자신의 기원이 동일하다는 알아차림이 필요하다.

그러니까 우리는 모두 한곳에서 나왔다는 알아차림이 필요하다. 우리는 한 배, 한 포, 한 뿌리에서 나왔다. 모든 물질의 기원인 최초의 수소 원자, 그 원자를 출현하게 한 힘, 그 힘의 기원에서. 모두가 바로 그 기원에서 나왔다. 그 점에서 우주 안의 모든 사물은 **모종의 동족**이다. 나와 목성과 지구, 맨틀과 석회암, 버드나무와 우산이끼, 연필과 이산화탄소는 그런 의미에서 동족이다. 한국어 '겨레'는 이러한 의미의 동족, 친족을 뜻한다(kin에 대한 좋은 번역어는 바로 '겨레'다). 나 아닌 모든 사물은 나와 **한겨레**다.

해월 최시형의 탁월함과 기이함은 이러한 진리를 물리적 실재에 관한 과학의 근거 없이, 즉 직관에 의존해 이야기했다는 것이다. 과학적 근거 없이 제시된 주장이라는 점에서는 다소 의아스럽지만, 오늘의 우주[천체]물리학적 앎의 진전과 조화롭다는 점에서는 경이롭고 경외스럽다. 해월 선사는 인오동포人吾同胞(타인들과 내가 동포), 물오동포物吾同胞(사물들과 내가 동포)가 전적이체全的理論(전체적인 진리)라고 했다(라명재 역주 2021:142). 나 아닌 인간들만이 아니라 나 아닌 사물들(비인간 존재물)도 모두 나의 동포이고, 그것이 진리라는 말이다.

  나 아닌 사물들은, 나라는 주체에 대해 반발하고 자기를 대립시킬 준비가 되어 있는 자, 즉 오비케레의 주인공, 내가 절대로 그 전모에 완전히 다 접근할 수는 없는 존재물이다. 이처럼 우리는 각기 자기의 몸에 **갇혀 있는** 슬픈 신세들이다. 그러나 동시에 우리는 바로 그렇게 갇힌 자들이지만, 동시에 한겨레인 자들로서 서로의 몸 안으로 부단히 침투하고, 소산하며, 그 과정에서 서로를 감염한다. 우리 자신이 지구적 장 안에서 그런 성격의 운동을 하도록 운명 지워진 자들이기 때문이다. 동시에 우리는 정신적 차원에서 친밀감을 느끼는 관계를 갈망하고, 그 갈망을 채우는 프로젝트에 기꺼이 나선다. 그것이 우리의 존재 목적이기 때문이다.

  물론 이러한 실재 이해만이 유일한 처방이라는 말은 아니다. 타인과의 친교라는 처방 역시 당연히 유효하다. 아니, 인간에 의한 처방이 얼마나 소중한지는 우리가 너무도 잘 알고 있지 않던가. 그러나 실재 이해, 비인간과의 친교 역시 그에 못지않게 중요한 처방임을 잊지 말자. 실재 이해, 비인간과의 친교가 타인과의 친교와 모순되는 것도 아니다. 전자는 후자를 갉아먹지 않는다. 전자가 후자의 가능성을 차단하거나 훼손하는 것도 아니다. 도리어 전자는 후자의 필요성을 줄인다.

우리가 처한 이 시대가 1인 가족 시대이기만 한 것이 아니라 행성 위기 시대, 장기적인 기후비상사태의 시대이기도 하다는 점을 생각해볼 때, 사물에 대한 인식의 전환, 앎의 진화는 개인의 치료와 안녕에 국한되지 않는 중대한 사회적 가치가 있다. 그 전환과 진화가 오늘날 우리에게 요청되는 탈인간중심적인 **새로운 시대 정신과 윤리감, 정체성과 쾌락양식**의 창출에 필수적이기 때문이다. 적어도 사물에 대한 새로운 앎은 새로운 시대 정신과 윤리감, 정체성과 쾌락양식이 태동하도록 씨앗을 뿌릴 수는 있다. 새로운 문명이 시작될 수 있을까? 누가 알 수 있을까? 그러나 새로운 문명이 시작되려면, 먼저 새로운 시선이 열리기 시작해야 하지 않을까? 지구 곳곳에서 이미 새로운 시선은 열리기 시작했다.

3장

마티스

화이트헤드의
사물 철학

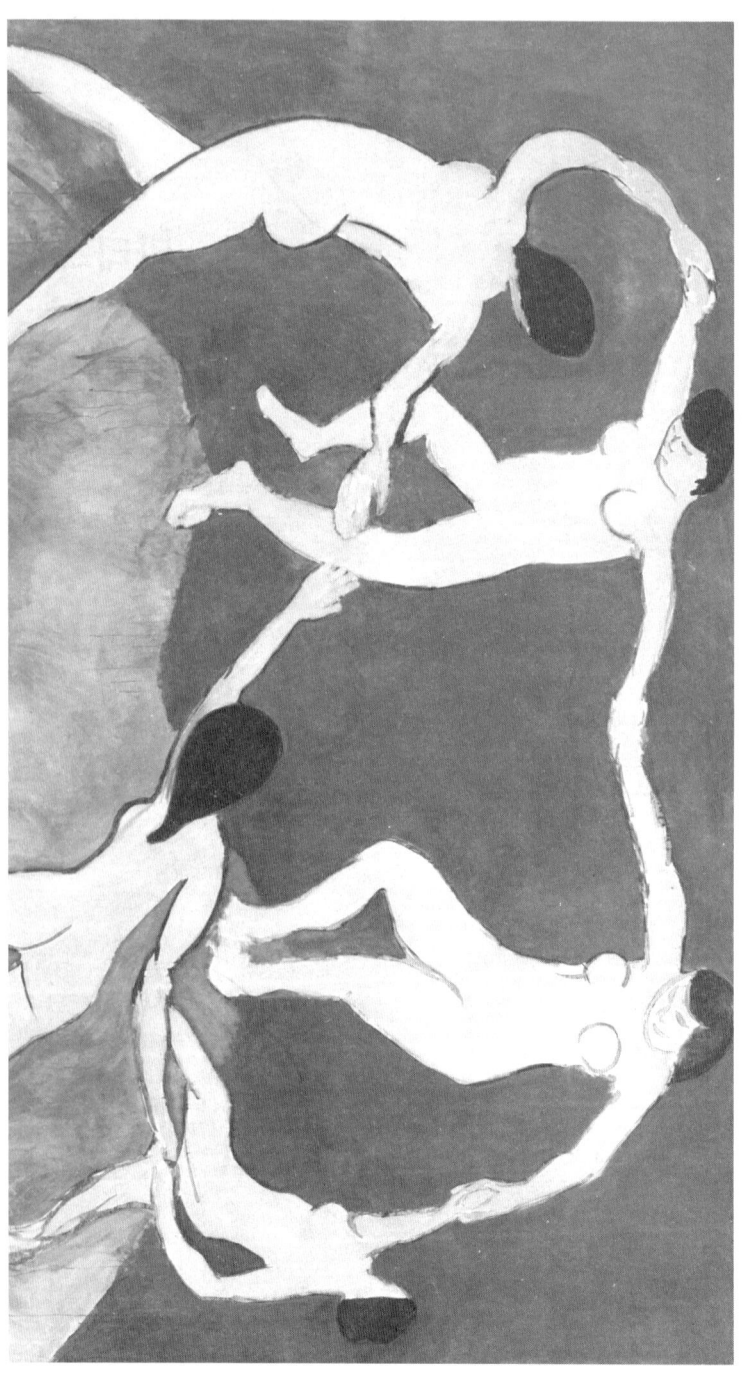

앙리 마티스, 〈춤 1〉, 1909

고전적인 의미의 미술은 화이트헤드 철학을 안내하기에 좋은 예술이 아니다. 그런 미술을 만드는 이는 특정 물질을 특정 공간에 배치하는 방식을 미술 조형(창작) 방식으로 삼기 때문이다. 이를테면 회화는 화폭이라는 특정하게 고정된 공간에 특정하게 물질을 배치함으로써 형물을 제시한다. 그러다 보니 이 예술은 은연중에 '자연의 물질은 공간 점유자'라는 그릇된 생각 또는 환상을 재생산하는 데 기여한다. 그 안에 이야기가 농후하게 담긴 그림이나 시간의 마모에 의해 변질되는 것이 눈에 잘 띄는 건축물의 경우라면 이런 환상의 유포에 덜 기여할지 모르겠다. 하지만 그런 경우는 예외적인 것이 아닐까? 공간에 고착된 시각 이미지는 대체로 존재물에 대한 우리의 상상과 이해를 방해한다.

화이트헤드의 과정 철학은 존재물을 공간적인 것이 아니라 시간적인 것, 즉 과정으로 이해한다. 그 과정은 연속되는 되기의 과정이자 불멸하는 객체적 삶으로서의 과정이다. 화이트헤드 철학(철학 구조물)의 밑바탕을 이루는 이 기본 관념은, 존재물을 시간적인 것으로 보는 관점의 산물이다. 당연히 이 관념은 존재물을 공간 점유자로만 보는 기존의 관점에 대한 강력한 배격의 성격을 띤다.

그런 의미에서, 공간의 예술이라기보다는 시간의 예술 또는 시공간의 예술이라고 할 수 있을 무용, 연극, 판소리, 굿 같은 연행예술이 화이트헤드 철학으로 안내하는 길잡이가 될 만

하다. 연행예술의 언어를 이해하면 화이트헤드 철학 입문에 도움이 된다는 말이 아니다. 연행예술이 우리 앞에 의미 있는 것으로서 성립하는 사건 자체가 사물(존재물)에 대한 오해를 푸는데, 그 사건의 경험인 연행예술 감상이 화이트헤드 철학을 이해하는 데 도움이 된다는 말이다. 적어도 그 무대가 지속되는 한, 모든 것은 사건, 즉 이야기의 한 가닥으로 수용되기 때문이다.

　　1909년, 앙리 마티스는 그리기 불가능한 그림을 그렸다. 위에서 우리가 보는 〈춤 1〉이라는 그림이다. 그리기 불가능한 그림이라는 것은, 마티스의 붓이 그린 것이 춤이라는 사건이기 때문이다. 저 그림은 분명 정지된 화면이다. 그러나 춤은 정지가 없는 동작의 연속을 뜻한다. 그런 연속 동작이 춤의 최소한의 성립 요건이다. 무용수의 연속 동작을, 사건의 연속을, 즉 춤을 정지된 화면에 담을 수 있는가? 그것은 불가능한 일이다. 정지라는 행위 자체가 운동과 지속으로서의 춤과 모순되기 때문이다. 따라서 춤 그리기라는 모든 시도는 실패로 귀결될 수밖에는 없다. 그런 의미에서 마티스의 춤 그림들은 실패작들이다.

　　아니, 그런 것이 실패라면, 우리는 우리 자신의 실패, 감상자 측의 실패부터 먼저 살펴보는 것이 좋을 것이다. 사물을 사건으로 해석하는 힘이 있다면, 공간을 점유한 것들로 보이는 것을 시간적 존재물로 상상하는 힘이 있다면, 우리는 저 〈춤 1〉을 다르게 볼 수도 있기 때문이다.

　　그러나 그 상상하는 힘은 어떻게 우리의 것이 될 수

있을까? 공간 안에 굳어진 것으로 감지되는 사물에서 (저 화폭이라는 공간 안에 굳어진 것으로 감지되는 춤추는 인간의 형물에서) 우리는 어떻게 그것의 시간적 면모와 성격을 알아챌 수 있을까? 그것의 운동적 면모와 성격을 상상하고 추정할 수 있을까? 화이트헤드의 사물 철학은 이러한 질문을 품은 우리에게 좋은 길잡이가 되는 철학이다.

1.

　　　　사물 철학. 이렇게 써도 될까? 한국어 '사물'은 요상스러운 단어다. '사물'에 대응하는 한자인 '事物'은 'thing'으로 번역되기에는 지나치게 풍요로운 함축을 지니고 있다. 언뜻 '物'이 'thing'에 대응하는 것 같지만, 그렇지도 않다. '物'은 물론 'thing' 도 지시한다. 그러나 동아시아 고전 문헌에서 이 단어는 붓이나 종이 같은 것부터 암석, 나무, 강, 물, 바람 같은 자연물 나아가 인간 역시 폭넓게 지시했다. 그뿐 아니라 '物'은 세상에서 일어나는 사건이나 그 사건에 연루된 것들, 그 사건을 일으키는 것들도 의미했다(정세근 2023: 289). '物'은 그러니까 사실상 모든 것을 함의했다.

　　　　이 모든 것에는 생각, 논리, 가정, 사상, 이데올로기, 감정도, 법이나 제도도 포함되었을까? 만일 우리가 이런 것까지 '事物'로 지칭할 수 있다면, 이 단어는 매우 유용한 개념어일 것이다.

　　　　이상하고 그 유용성이 의심되는 물건은 '事物'이 아니라 '사물'이라는 단어다. 전자에는 '비인간', '인간', '사건'이라는 풍요로운 함의가 있지만, 후자는 오늘날 특정한 국소 공간의 특정 위치를 점유한, 고정된, 변별적 특성을 자체적으로 지닌, 운동하고 있지 않은 존재물로서의 'thing'을 지시할 뿐이다. 즉, '사물'이라는 단어에는 고립[독립]되어 있고, 자기 완결적인 물질, 나아가 사건 이전에 존재하는 물질이라는 '나쁜' 함축이 있다. 그러나 이런 의미의 사물은 우리가 아는 지구에는 존재하지 않는다. 자기 완결적이거나 사건 이전에 존재하는 물질 또는 비사건으로서의 물질은 이 지구와 우주에는 없다. 모든 존재물은 물질화하는 과정이자 활동, 사건이자 운동일 뿐이다. 존재물은 객체를 주체화함으로써 끊임없이 자기가 되는 (그렇게 자기로 합성되는) 과정에 있거나 타자로 소산, 삼투되는 (타자의 자기 합성에 객체로서 동원되는) 과정에 있다. 기존의 '사물' 관념은 이런 실재를 지시하는 데 너무도 무력하다.

현실에서 존재물들이 존재하는 양식, 즉 그 사건적 양식을 숙고했던 알프레드 노스 화이트헤드Alfred North Whitehead는 그 양식을 합당하게 서술하기 위해서는 새로운 개념어의 고안이 필요하다고 생각했다. 존재물의 존재양식에 관한 새로운 철학적 그림을 그리기 위해서는 새로운 개념어가 필요하고 여겼다. 그리하여 가장 기초가 되는 새 개념어로 채택된 것은 '현실 존재물 actual entity'[3]이었다. 그리고 그는 이것을 '현실 사건acutual occasion'으로 부르는 것이 맞다고 했다.[4]

책상 앞에 있는 머그컵. 우리는 이 컵을 특정한 국소 공간상의 특정한 위치를 점유하고 있고, 고정되어 있고, 불변이고, 수동적이고, 죽어 있는[활성이 없는] 물체라고 생각하기 쉽다. 이 요소론적이고 실체론적인 관점에서 그 컵을 지칭하는 단어가 바로 사물, thing이다.

어떤 사물을 이런 방식으로 보는 시선은, 자연과 자연 물질을 오직 공간으로만 이해하기 때문에 가능하다. "물질을 공간적 내용물 외에는 그 어떤 것도 보유하지 않은 것으로 그려내는" 작업, 즉 "자연의 공간화" 작업(Vetlesen 2019: 81)을 문제의 한 발원지로 봐야 한다. 고전 물리학과 근대 철학이 정초한, 자연의 공간화는 직접적 감각 경험 그리고 그것만을 중시하는 지각론에 의해 의심할 수 없는 것으로 굳어진다. 이에 따르면, 머그컵 같은 사물은 하나의 공간적 물체일 뿐이다.

그러나 모든 것이 시간적인 물질이라면 어떨까? 머그컵과 머그컵 안의 오미자 주스가 공간적이라기보다는 시간적인 물체라면? 오직 임시적으로만 국소 공간상의 특정 위치를 점유할 뿐이고, 언제나 보이지 않는(사밀한) 차원에서는 자기 합성 운동을 하고 있다면? 매우 미세한 수준에서는 언제나 변화하고 있다면? 머그컵과 오미자 주스도 일정한 경험을 하고 있다면? 보이지 않는 물리적 장이나 그 장 안의 다른 힘, 존재물들과 얽힌 채로만 그것들이 존속되고 있다면? 그렇다면, 우리는 그것을 단순히 thing, 사물이라고 부르지 않는 편이 나을 것이다.

바로 그런 이유에서 화이트헤드는 우주 안의 모든 존재물을 '현실 사건'이라 불러야 한다고 했다. 화이트헤드의 시각에서 경험하지 않고, 관계 속에 있지 않으며, 그 자체가 사건이 아닌 물체 같은 것은 이 우주에 없다.

그렇다면 이런 의미의 '현실 사건'을 한자로 번역한다

면 어떤 단어가 적합할까? 어쩌면 '事物'이라는 단어가 가장 적합한지도 모른다. '事物'은 (인간/비인간) 존재물이라는 사건이나 존재물들이 일으키는 사건을 모두 함축한다고 볼 수 있기 때문이다.

내 주변은 사실 이런 의미의 '事物들actual occasions'로 가득 차 있다. 나는 이 '事物들'에 포위된 채로 태어나 이들에 의해서 간섭되고 감염되면서, 이들의 (의도 없는) 돌봄에 힘입어 살아가다가 종국에는 이들의 (의도 없는) 돌봄과 간섭, 감염에 노출된 채로 죽어간다. (나 역시 이 과정에서 누군가를 향해 의도 없는 돌봄, 간섭, 감염, 개입을 실행하게 된다.) 지구라는 하나의 시공을 유랑하는 방랑자들인 事物들은 모두가 자기 존속을 실천하는 과정에서 주체화되는 동시에 객체화되면서 주변 事物들과 관계맺는다. 나의 삶은 오직 이런 **事物의 얽힘** 속에서만 펼쳐지는 이야기다.

2.

화이트헤드는 오늘날 행성 위기 속에서 요청되고 있는 새로운 신화를 형이상학[메타자연학/메타물리학metaphysics],[5] 우주론의 형식으로 이미 100년 전에 구축해놓았다. 그런 점에서 그는 21세기를 먼저 산 20세기 사상가라고 할 만하다. 화이트헤드 철학은 특히 '사물'이라고 통칭되는 비인간 존재물에 관한 20세기인 특유의 억측과 오해를 산산조각 낸다.

화이트헤드가 '비인간non-human'이라는 용어를 사용했던 것은 아니다. 비록 '비인간 존재'라는 개념을 쓰지는 않았지만, 화이트헤드는 인간도 그 일원일 뿐인 이 현실계의 존재물들을 보편 언어로 설명하는 것에 관심을 두고 있었다. 과연 '여기'에 어떤 것들이 어떤 양식으로(즉, 어떻게) 존재한다고 볼 수 있을까? 바로 이 메타물리학[형이상학]의 질문을 품은 채 그는 실재를 구성하고 있는 존재물들을 '현실 존재물' 또는 '현실 사건'이라고 통칭한다.

우주 안의 어떤 것이 이 '현실 존재물'에 들어갈 수 있을까? 현실 존재물은 '원자적atomic'이라는 물리적 성격을 띤다고 화이트헤드는 말해두고 있다. "현실 존재물은 피조물이고"(Whitehead 1978: 22) "피조물은 원자적"이다(Whitehead 1978: 35). 그리고 "각 원자는 모든 사물의 시스템이다"(Whitehead 1978: 36). 이런 언명을 살펴볼 때 우리는 화이트헤드가 현실 존재물을 우주 안에 존재하는 것의 기초 단위이자 일반 단위로 생각했음을 알아챌 수 있다.[6]

화이트헤드에 따르면, 실재계에 왜 이런 현실 존재물들이 있는지 설명할 수 있는 것은 오직 현실 존재물들뿐이다. 현실 존재물이 다른 현실 존재물의 유일한 이유가 된다. 즉, 유有가 발생한 곳은 유이지 무無가 아니다. 이것을 화이트헤드는 '존재론적 원리'라고 부른다. 현실 존재물이야말로 최종적 실재로서 "현실계의 존재Res Verae"라는 말이다. (반면 히브리즘의 세계관에서는 유는 무에서 발생된다. 존재론적 원리로써 화이트헤드는 바로 이 히브리즘의 기본 관념을 혁파한다.)

그런데 화이트헤드가 실재의 단위라고 말한 현실 존재물은 요소론적, 실체론적 사고방식으로는 절대로 파악할 수 없다. 그것의 과정성이야말로 그것의 핵심 특성이기 때문이다. 현실 존재물은 현실 존재물 되기becoming에 다름 아니다.

이 현실 존재물이 자기가 되는 과정을 화이트헤드는 '**합생**concresence'이라고 표현한다. 하나의 현실 존재물이 자신의 잠재성을 구현하며 자기 되기를 내적으로 완성하는 과정이 곧 '합생'이다. 그것은 우주적 (잠재적) 다자가 하나의 (실재적) 통일성을 확보하는 과정이기도 하다. 즉, 다자의 일자화가 바로 합생이다. 달리 말해, "현실 존재물은 많은 잠재성들의 실재적인 합생"(Whitehead 1978: 22) 그 자체다. 현실 존재물이 현실 사건이라면, 그 사건은 합생이라는 사건이다.

화이트헤드의 형이상학 체계에서 '합생' 같은 생소한 개념은 그가 제시하는 숱한 낯선 개념들 가운데 하나일 뿐이다. 그 개념들 하나하나를 이해함은 화이트헤드 형이상학을 이해하는 데 필수이지만, 여기서 그것들을 전부 설명하기란 어렵다. 그 일 하나만으로도 수백 페이지가 필요하다. 그것은 이 책의 작업을 넘어서는 엄청난 작업이다. 여기서 나는 화이트헤드가 비인간 존재물에 관해 어떻게 생각했는지, 그의 관점이 오늘날 긴요한 새로운 비인간관의 확립에 어떻게 기여할 수 있는지에만 초점을 맞춰보려 한다.

3.

화이트헤드의 새로운 형이상학의 체계를 보여주는 저작인 《과정과 실재Process and Reality》(1978[1929]) 1부에는 27개의 '설명 범주The Categories of Explanation'가 제시된다(Whitehead 1978: 22-26). 현실 존재물이 합생을 어떻게 수행하는가에 관한 기초적인 이야기를 만날 수 있는 곳이다. 이 이야기는 '하나의 현실 존재물은 잠재성을 실재성으로 바꿔내며 [자기] 통일을 이뤄내는데, 그 통일된 상태에서 충족satisfaction[7]을 경험한다'라는 기본 줄거리로 짜여 있다. 이 기본 줄거리는 하나의 뼈대로서 여기에 살과 근육이 붙어야 비로소 화이트헤드의 이야기가 완성된다.

사실 화이트헤드의 이 이야기는 매우 복잡한 구조물이다. 그러나 그것을 현실 존재물(또는 **원자와 모든 원자 기반 물질**)의 생기, 그것의 주체적 행위성agency과 자율성, 자기존속지향conativity, 그것의 내면성, 그것의 내재적 가치라는 앵글에서 살펴볼 수는 있을 것이다. 아래에 이어지는 것은, 바로 이 앵글에서

본 화이트헤드의 현실 존재물 이야기다.

첫째, 화이트헤드가 보기에 하나의 현실 존재물은 자기 존재를 스스로 구성해내는 존재, 즉 자기 창조의 실질적 주체다. 현실 존재물은 자기를 창조하는 과정이라는 말이다. 즉, "**어떻게** 하나의 현실 존재물이 **되느냐**가 곧 그 현실 존재가 **어떤 존재이냐**를 정립한다"(Whitehead 1978: 23). 모든 개개의 현실 존재물이 자기 창조라는 활동을 스스로 수행한다. "하나의 현실 존재는 (…) 자기 창조적이다"(Whitehead 1978: 25).

이러한 생각은 우주의 모든 양태들이 자기존속지향을 보인다는 스피노자의 생각과 조화롭다. 그런데 각 존재물이 자기존속지향을 지닌다는 것과, 자기 존속 행위를 오직 내적인 힘만으로 수행해낸다는 것은 같은 말이 아니다. 화이트헤드의 자기 창조성 담론과 스피노자의 코나투스 담론은 오직 전자만을 말할 뿐이다. 이 점은 매우 중요한데, 우주 안의 어떤 존재물이든 자기 존속이라는 결과물은 자기 창조 또는 자기존속지향만으로는 절대로 성취될 수 없기 때문이다. 오히려 각 존재물의 자기 창조 또는 자기 존속은 그것의 밖에 있는 힘과 작용에 힘입어서만 비로소 가능하다. 예컨대 빅뱅 이후 약 38만 년이 되는 시점에 전자는 전자와 양성자 사이에 흐르는 전자기력의 속박에 의해서 (또한 전기-약 진공과의 상호작용에 의해서) 비로소 양성자와 결합하게 된다(그리하여 원자가 탄생한다).

둘째, 화이트헤드에 따르면 현실 존재물의 자기 창

조 과정에서 **결단**과 **충족**이 중요하다. 사실, 하나의 현실 존재물은 결단과 충족의 주체다. 합생 과정에서 잠재성, 즉 모종의 미결정성이 결정된다(Whitehead 1978: 23). 이 결정을 이르는 다른 말이 바로 결단이다. 현실 존재물들은 오직 잠재적 상태에서 결단을 내림으로써 자기가 된다. "'현실성'이란 '잠재성' 사이의 결단"이다. "한 현실 존재물의 실재적인 내적 자기 구성은 점차 하나의 결단을 만들어내고, 그 결단이 창조성을 조건 짓는다"(Whitehead 1978: 43). 화이트헤드는 이런 이야기를 하면서 '에딘버러의 캐슬 록', 즉 바위라는 사례를 든다. 그 바위는 매 순간, 수백 년 전부터 지금까지 결단 덕분에 존재하고 있다는 것이다(Whitehead 1978: 43). 화이트헤드를 21세기 지평에서 해석한 스티븐 샤비로에 따르면, "결단은 '선택'이라는 행위다. 결단은 선택하고, 더하고, 빼고, 관계 맺고, 병치하고, 비틀고, 재결합하는 과정이다. 결단이야말로 (…) 새로움을 설명하는 유일한 길이다"(Shaviro, 2014: Kindle Loc 1321). 이 우주의 창조적인 면모는 무수한 결단들의 결과물이다.

이런 결단은 화이트헤드가 말하는 '포착의 합생 concrescence of prehensions'[8] 과정에서만 발생한다. 자기 되기 과정에서 하나의 현실 존재물은 무궁무진하게 널려 있는 여건datum을 **포착**prehension하게 되는데, 늘 특정한 방식(이 방식을 그는 **주체적 형식**sujective form이라고 부른다.)으로만 포착한다. 그러니까 모든 개별 포착은 수용과 비수용[거부]에 관한 선택[결단]을 대동하게 된다. 포착은 객체적 여건의 **선택적** 주체화다. 또는 타 존재의 선택적 내부화다. 모든 현실 존재물은 우주의 다양한 요소를 '전용轉用'하게 되는데, 포착이란 바로 이 전용 과정을 지칭하는 말이다. 따라서 포착에는 "감정, 목적, 평가, 인과"가 연루된다(Whitehead 1978: 19).

포착에 연루된 선택성과 관련해 화이트헤드는 두 가지 유형의 포착, 즉 수용적 포착positive prehension과 거부적 포착을 말한다. 그리고 그는 수용적인 포착을 '**느낌**feeling'이라고 부른다. 거부적 포착은 '느낌에서 제거함'을 뜻한다(Whitehead 1978: 23). 수용적인 포착이란 객체들이라는 여건을 거부하지 않고 있는 그대로 수용하는 행위를 뜻한다. 모든 현실 존재물은 합생 과정에서 여건을 고스란히 수용하는 경험, 즉 느낌이라는 경험을 한다. 느낌이란 저곳의 것을 이곳의 것으로 가져옴이다. 그런 점에서 그것은 벡터vector, 즉 전이轉移에 다름 아니다.

여기서 '느낌'을 감각기관의 활동을 수반하는 식의, 인간이 경험하는 느낌으로 이해하면 곤란하다. 물론 화이트헤드가 말하는 느낌은 인간의 느낌 경험을 포함하는 개념이지만, 우주의 모든 현실 존재물들에 적용되는 일반 개념으로 간주되어야 한다. 우주의 모든 현실 존재물들은 자기 아닌 자들을 수용적으로 포착하면서만 (즉, 느끼는 경험을 하면서만) 자기 되기를 이루어낸다. 화이트헤드 자신의 언어로 말하자면, "'느낌'이란 여건의 객체성이 해당 현실 존재의 주체성으로 이동하는 일반적 기본 작용을 지시하기 위해 사용되는 용어"인 셈이다(Whitehead 1978: 40).

마찬가지로, 포착 역시 우주의 모든 존재물에게 해당되는 것으로 이해해야 한다. 포착은 세포나 거기서 나온 유기물에서만 가능한 것이 아니다. 포착이라는 단어 자체가 "모든 등급의 개별적 현실성[현실체]에 적용 가능한" 분석을 위해 고안되었다고 화이트헤드 자신이 분명히 밝히고 있다(Whitehead 1978: 19). 그렇기에 그는 '물리적 포착'과 '관념적[개념적] 포착conceptual prehension'을 별도로 설정하면서 인간과 같은 신경계 동물에게 적용되는 '의식'이 이 두 유형의 포착에 늘 관계되는 것은 아니라고 못 박아두고 있다(Whitehead 1978: 23). 이것은 곧 '의식'이 없다고 간주되는 존재물들도 물리적 포착과 관념적 포착의 주체들이라는 말이다.

화이트헤드는 합생의 마지막 단계, 합생의 완성, "하나의 복합적인, 완전히 결정되었다는 느낌"을 '**충족**satisfaction'이라고 부른다. 그에 따르면, 모든 낱 현실 존재물은 "그 어떤 다른 존재물들이 충족하는 조건은 아닌 다른 특정한 하나의 조건에서, 각자 충족한다"(Whitehead 1978: 24). 각자 충족한다는 것은 개별 충족이라는 실재가 개별자에게 고유하다는 뜻이다. 낱 현실 존재물들은 각자 개별적인 충족을 향해 달려간다.

셋째, 모든 현실 존재물은 포착의 합생을 수행하지만 언제나 **주체적 지향**subjective aim**의 안내**를 받아 그렇게 한다. 이 특정한 포착 방식을 화이트헤드는 '주체적 형식subjective form'이라고 부른다. 그리고 이 형식에는 "감정, 가치평가, 목적, 혐오, 의식 등" 여러 종류가 있다고 말한다(Whitehead 1978: 24). 그러니까 어떤 **내면적 평가와 판단**과 더불어 포착이 진행된다는 것이다. (긍정적 평가의 결과물인 수용의 포착을 '느낌'이라고 부르자고 그는 제안한다.) 주의할 것은, (화이트헤드가 보기에) 주체적 형식의 갈래인 감정과 의식은 진화사의 뒤쪽 단계에서 발생한 현실 존재물들에게만 해당한다는 것이다. 즉, 모든 현실 존재물이 특정한 주체적 형식으로 포착하지만 그 형식은 현실 존재물의 성격에 따라 각기 다르다.

그런데 화이트헤드의 생각으로는, 현실 존재물은 충족된 자기로서의 **자기 이상**ideal을 느끼면서 주체 되기를 완성한다. 즉, 현실 존재는 자기의 이상을 관념적으로 느낀다는 것이다. 바로 이 이상 또는 이 이상의 향유를 그는 '주체적 지향'이라고 말한다. 즉, 현실 존재물은 **주체적 지향** 또는 **이상의 안내**를 받아 주체 되기라는 자기 창조 과정을 완수한다(Whitehead 1978: 25; 85). 이 주체적 지향이 "주체 되기를 통제한다"는 표현도 화이트헤드는 사용한다. 주체는 "어떤 제안[9]을 느끼는데, 자기 창조의 과정에서 그 제안을 실현하려는 주체적 목적 지향과 더불어 그것을 느낀다"(Whitehead 1978:25).[10]

넷째, 우주의 모든 현실 존재물은 **경험**의 주체다. 화이트헤드의 형이상학에서 '경험'이라는 개념은 무척 중요하다.

그러나 그가 이 단어로 무엇을 의미하는지를 이해하려면, 그가 경험에 관한, 전통적인 서양 철학의 가정을 부정한다는 점부터 이해하는 것이 좋다. 그 가정은, 화이트헤드에 따르면, "경험의 기본 요소가 세 가지 구성인자, 즉 의식, 사고, 감각적 지각 중 어느 하나 또는 그 모두의 면모에서 서술되어야 한다는 것"이다(Whitehead 1978: 36). 화이트헤드는 바로 이 가정을 깬다. 쉽게 말해 의식, 사고, 감각적 지각을 수반하지 않는 경험도 경험으로 간주되어야 한다는 것이다. 즉, 의식, 사고, 감각적 지각이라는 "이 세 요소는 경험의 비본질적 요소들이다"(Whitehead 1978: 36). 이처럼 화이트헤드는 '경험'을 인간이나 인간과 유사한 고등생물들의 전유물로서 바라보는 시각을 전면 부인하며, 사실상 우주의 모든 존재물이 경험한다고 선포한다. 도요새만이 아니라 도요새가 밟고 있는 갯벌의 흙도 경험한다는 말이다. 화이트헤드는 "인과적 효과성의 양식은 가장 낮은 등급의 유기체들에게조차도 속한다"(Whitehead 1978: 172)고 말하는데, 인과적 효과성의 양식은 경험의 근본적 양식을 뜻한다.

요컨대, 현실계에 어떤 물질이라는 것이 존재한다면 그것은 반드시 경험한다는 것이 화이트헤드의 생각이다. "하나의 현실적 존재물은 여건으로부터 나오는 하나의 경험 활동으로 간주된다"(Whitehead 1978: 40). 그의 생각에 경험한다는 것과 존재한다는 것은 같은 말이다(Shaviro 2014: Kindle Loc 923). 또는 "하나의 경험적인 존재, 혹은 경험적인 사건이 된다는 것은 현실적 존재가 되는 것"(장왕식 2019: 13)을 의미한다. 그러니까 실재하는 것이라면 어떤 것이든 경험한다. 흙이나 바위도, 수소 원자나 그것의 일부인 전자도 경험한다. 그런 "무기물조차도 그 최소한의 에너지의 흐름이라는 형태로 '느낌의 유입'과 같은 것을 경험한다"는 말이다(Shaviro 2014: Kindle Loc 936).

다섯째, 현실적 존재물은 **자기 향유와 자기 가치 강화**의 주체다. 20세기의 많은 환경 윤리학자들은 어떤 자연까지 내재적 가치intrinsic value를 지니고 있다고 봐야 하는가라는 질문에 매달렸다. 어떤 것의 내재적 가치라 함은, 자기 외부 어떤 다른 것의 판단이나 평가에 의해 좌우됨 없이, 그 판단이나 평가와 무관하게 그 어떤 것 스스로 자기 안에서 보유하고 있는 고유한 존재 가치를 뜻한다. 화이트헤드가 보기에 생물의 보편적 특징은 "자기 향유self-enjoyment, 창조적 활동, 지향[성]이다"(Whitehead 1968: 152). 그리고 자기 향유라는 말은, 자기의 가치를 스스로 긍정한다는 말에 다름 아니다. 자기의 가치를 긍정하지 않고 스스로 향유할(즐길) 수 있는 존재는 있을 수 없기 때문이다.

그러나 화이트헤드의 관점에서 자기를 존속할 가치를 스스로 내적으로 보유하고 있고, 자기의 가치를 긍정하는 존재는 생물에 국한되지 않는다. 모든 현실 존재물들이 자기의 내재적 가치를 긍정하는 존재들이다. 화이트헤드는 이렇게 정리하고 있다—"모든 것이 자기를 위한, 남을 위한, 모두를 위한 일정한 가치를 보유하고 있다"(Whitehead 1968: 111).

하지만 화이트헤드는 여기서 한 걸음 더 나아간다. 모든 존재는 일정한 가치를 내적으로 보유하고 있을 뿐만 아니라 제 가치를 강화하고 증대하려고 한다. 즉, 모두가 제 가치의 강화와 증대를 위하고 지향한다. "존재란, 그 자체의 본질상, 가치 강도를 보호[유지]함이다. (…) [각 단위는] 자기를 위해 가치 강도를 보호한다"(Whitehead 1968: 111). 제 가치 강도를 보호하고 유지한다는 것은 제 가치를 강화하고 증대하려고 한다는 것과 같은 말이다.

여섯째, 화이트헤드에 따르면 현실 존재물은 자기의 **미적 가치**를 추구하고 **미적 평가**를 단행한다. 현실적 존재물은 "그 본질상 합성(물)이다. 힘은 합성의 충동이다." 우주 내의 모든 물질적 존재는 더 큰 단위의 합성을 향해 나아가고, 합성을 향해 나아가는 충동 자체가 힘이다. 그런데 "힘의 본질은 미적 가치 그 자체를 향한 충동"이기도 하다고 화이트헤드는 언급한다(Whitehead 1968: 111). 미적 가치를 향한 충동이야말로 합성으로 나아가게 하는 힘이라는 말이다.

달리 말해, 현실 존재물은 객체들을 느끼는 과정에서 미적 평가[판단/식별]를 수행하고 그것을 통일해낸다. 화이트헤드는 현실 존재물이 (자기의) 객체들을 느끼는 과정을 몇 개의 단계로 나누어서 말한다. 첫 번째 단계에서 현실 존재물은 "미적 종합을 위한 객관적 여건으로 가장하고 있는 현실 세계를 순수히 수용"하기만 한다. 그러나 다음 단계가 되면 '사적 이상private ideal'의 통솔을 받는데, 이로써 "이질적으로 느껴진 많은 느낌들은 사적인 것으로 즉각 느껴지는 단일한 미적 판단[평가/음미]으로 변환된다"(Whitehead 1978: 212). 중요한 것은 모든 현실 존재물이 객체들의 바다 속에서 미적 판단을 단행하면서 충족, 자기실현, 자기 가치 강화를 향해 나아간다는 생각이다. 요컨대, 현실 존재물들은 "서로 인지적이거나 실용적으로가 아니라 미적으로 조우"하는 존재물들이라는 것이 화이트헤드의 생각이다(Shaviro 2014: Kindle Loc 910).

4.

이 모든 이야기는 다소 황당하게 느껴지기도 한다. 오늘날 비인간 존재물들은 대체로 인간을 위해 마련된 도구이거나 배경 같은 것으로 여겨지고 있기 때문이다. 인간중심주의에 매몰된 이에게 그들은 이 세계의 플레이어[역할 수행자]들이 아니다. 그들은 인간이라는 플레이어들을 위한 무대이거나 그 구성 요소일 뿐이다. 그런데 이러한 야만적인 앎의 상황을 생각해 보면, 화이트헤드는 웃음이 터져 나올 만큼 소상하게 비인간 존재물들이 왜, 어떻게 플레이어들인가를 서술하고 있다. 그들의 주체성, 경험, 내면성, 결단, 미적 판단, 미적 가치 추구 등을 상세히 말하고 있다. 우주 안의 모든 물질이 자기 창조의 주역, 즉 각각의 플레이어들로서 경험하고 느끼고 결단[선택]하고 미적으로 평가하고 자기 충족을 향해 달려가는가 하면, 자기의 (미적) 가치를 긍정하고 강화하려 한다는 (화이트헤드의) 생각은, 그것에 처음 노출된 21세기인에게는 하나의 괴성과 같은 충격음으로 느껴지기 쉽다. (대체 무슨 뚱딴지같은 소리란 말인가!) 그러한 생각이 그토록 소상히, 정교한 언어로 서술되었다는 사실 자체가 경이롭기만 하다.

하지만 더 경이로운 것은 화이트헤드의 생각이 물질과 우주에 관한 20세기 초반(정확히는 1920년대)의 중요한 과학적 성취에 근거를 두고 있다는 것이다. 화이트헤드가 《과정과 실재》,《관념의 모험》,《사고의 양태》와 같은 주저를 발표한 것은 1920~30년대라는 사실에 주의하자. 당시 그가 인류세의 행성 위기, 후쿠시마 핵발전소 사고 같은 문명재文明災, 장기화되는 기후비상사태를 예견하며 이런 저술을 했다고 할 수는 없을 것이다. 비인간 자연의 권리에 관심을 두고 비인간 존재에 관한 철학적 사유를 전개한 것도 아니다. 오히려 그의 관심은 1920~30년대 당시의 최신 물리학과 조화로운 새로운 메타물리학[형이상학]을 구축한다는 과업에 집중되어 있었다. 실재에 관한 새로운 물리학적 성과에 걸맞는, 실재에 관한 새로운 철학의 구축. 그것이 그의 목표였다. 그리고 그가 보기에 이 새로운 철학은 인간을 중심에 두고 바라본 우주(상관주의적 시각을 전제로 인식되는 우주)가 아니라, 인간도 그 일원일 뿐인 우주를 다루는 것이어야

했다.

우주 안의 기초적이고 일반적인 물체인 현실 존재물에 관한 그의 탈인간중심적 철학적 서술은, 바로 이러한 관심과 구도하에서 출현한 것임을 이해해야 한다. 바로 이런 이유로 그는 탈인간중심주의를 새로운 철학 구축의 출발점으로 삼고 있지만, 그러나 그의 목적지는 평평한 존재론 같은 것은 아니었다. (한편으로 그는 모든 존재물의 내재적 가치, 즉 모두가 공유하는 존재 가치를 옹호하지만, 다른 한편으로 지구적 진화사의 결과로 나온 그 존재물들 간의 차이를 부정하지 않는다.) 그러니까 그의 소망은 좀 더 단순한 것이었다. 우주의 실재를 철학적으로 서술하는 것.

그렇다면 이 목표를 향한 그의 원대한 철학적 여정에서 우리가 만나게 되는, 경험하고 포착하고 느끼고 결단하며 자기를 실현(충족)하고 자기 가치의 강화를 도모하는 존재인 현실 존재물에 관한 그의 이야기는, 파국적 상황에 놓여 있는 우리가 그에게서 오래전에 빋은, 뜻밖의 선물이다. 너무도 빛나는, 너무도 경이로운, 너무도 고마운.

5.

　　화이트헤드의 생각은 비인간 존재물, 그중에서도 그저 죽은 물질 덩어리에 불과하다고 우리가 폄하하기 쉬운 것들, 그러니까 우리의 사고와 삶의 마당에서 도구나 배경으로만 여겨지는 것들을 완전히 다른 시각에서 보게 한다. 그리하여 그들을 인간과 그다지 많이 다르지 않은 존재, 그리하여 큰 틀에서는 우리의 먼 친척이자 한겨레인 존재, **그 존재만으로 가치 있는 존재**로 되살려내는 작업에 유용한 이론적 근거가 된다.

　　그러나 연필이나 바위, 공기나 물 같은 것들을 우리의 친척, 겨레로 여긴다는 것은 정말로 가당한 것인가? 비생물의 존재 위상에 관해 화이트헤드는 정확히 어떤 입장이었을까?

　　화이트헤드는 우주 안의 현실 존재물을 크게 4개의 범주로 분류한다. 빈 공간 안의 유기체[11], 존속하는 비생물 객체[존재물], 존속하는 생물 객체, 의식적 앎을 지닌 존속하는 객체. 이 가운데 처음 두 범주가 비생물에 해당하고, 나중의 두 범주가 생물에 해당한다.

　　우리의 관심을 끄는 것은 처음 두 범주의 존재물이다. 물론, 앞서 살펴본 현실 존재물의 기본적 특성들이 이 두 범주의 존재물들에도 전부 해당한다고 생각하는 것이 맞을 것이다. 이를테면 바위도 자기 합성을 하고, 포착하고, 충족을 향해 나아가고, 결단하고, 경험하고, 자기 가치를 증대하는 존재물이라고 봐야 할 것이다. 심지어 화이트헤드는 물리학이 논하는 에너지의 실상이 "**감정적이고 목적이 충만한** 복잡한 에너지"라고까지 말한다. 우주의 모든 존재물은 자기 되기의 주체적 형식을 보유하는데, 따라서 에너지 역시 일정한 목적을 보유한다고 봐야 한다는 것이다(Whitehead 1967: 154, 강조는 인용자).

　　　　같은 맥락에서 화이트헤드는 생물과 비생물 간에 분명 차이는 있지만, 그것에 절대적인 차이가 있다고 보기는 어렵고 말한다(Whitehead 1978: 102). 더욱이 그는 그 어떤 생물도 비생물적 요소를 결여하고 있지 않다며, 생물의 존재 기반이 결국 비생물임을 밝힌다. "비유기적 사회라는 종속하는 기구를 결여한 그 어떤 살아 있는 사회도 우리는 알지 못한다"(Whitehead 1978: 103)는 것이다. (여기서 살아 있는 사회는 생물을, 비유기적 사회는 비생물을 뜻한다.)

　　　　그러나 다른 한편으로 화이트헤드는 비생물 존재물의 경우, 정신적인 면모는 무시해도 될 정도로 미미하다고 말한다(Whitehead 1978. 177). 하지만 이 발언을 뒤집으면, 비록 미미하기는 해도 이 존재물에도 분명 정신적인 면모가 있다는 말이 된다.[12]

6.

　　화이트헤드는 다른 지평에서 만물이 우주에 동질적으로 참여하고 있다고, 그리하여 **우주적 연대성**을 빚어낸다고 말한다.

　　화이트헤드에 따르면, 모든 존재물의 공통된 존재양식 자체가 우주적 연대성의 기반암이다. 우주적 연대가 펼쳐지는 마당에 모든 존재물은 스스로 자신을 존속하는 바로 그 공통된 양식을 통해서 참여하고 있다. 무슨 말일까?

　　화이트헤드는 하나의 현실 존재물의 합생 과정, 즉 자기 되기 과정 자체에서 우주적 연대성의 기초가 발견된다고 말한다. 그에 따르면, "모든 것이 현실 속 어딘가에 긍정적으로 있고 모든 곳에서 효력을 내고 있다." 그리고 이러한 원리 자체가 "다수의 현실 존재물의 **연대로서의 우주**라는 서술의 첫 번째 단계를 이룬다"(Whitehead 1978: 40, 강조는 인용자). 이렇게 쓰고 있는 것을 볼 때 화이트헤드의 현실 존재물 담론은 처음부터 그것들의 연대로서의 우주 또는 우주의 연대성 자체를 겨냥하고 있음을 알 수 있다.

　　화이트헤드에 따르면, 하나의 현실 존재물은 충족을 향해 달려가고 마침내 충족하지만, 그 존재물은 그러면서 다른 현실 존재물들의 합생 과정에 개입하는 효과를 어쩔 수 없이 발휘하게 된다. "하나의 현실 존재물의 이 '효과'는 자기 아닌 다른 합생 과정들에의 개입"이다. "어떤 현실 존재물이라도 이런 식으로 자기를 초월하는 과정들에 개입하는데, (이때) 이 현실 존재물은 하나의 '객체'로 기능하고 있다." 그리고 모두가 빠짐없이 객체들로서 기능한다는 바로 이 사실이야말로 "우주의 연대를 성립시킨다"(Whitehead 1978: 220). 다른 합생 과정들에 개입함이란, 결국 객체됨에 다름 아니다. 합생을 수행할 때, 하나의 현실 존재물은 그 자신이 객체가 되면서만, 즉 여건 역할을 담당하면서만 그렇게 한다. 즉, "하나의 현실 존재물의 잠재성은 다른 현실 존재 안에서 실현"되기 마련이다. 화이트헤드는 그와 같은 존재 실현 양식을 '객체화objectification'라고 부른다(Whitehead 1978: 23). 요컨대, 하나의 잠재적 주체가 주체화를 실현하는 과정 자체가 그것이 일정하게 객체화되는 과정이다. 우주 안의 모든 현실 존재물은 이 운명을 절대 피해갈 수 없다.

    그러니까 화이트헤드가 말하는 주체는 언제나 '주체-객체'이지 단순한 주체가 아니다. 그는 이 주체-객체를 "주체-조수제"라고도 말한다. 하나의 현실 존재는 "경험하는 주체이면서 동시에 그 경험의 초주체"(Whitehead 1978: 29)라는 말이다.

    그런데 화이트헤드가 보기에 주체로서의 존재물은 소멸의 과정에 놓이지만, 객체로서의 그것은 그렇지 않다. 현실 존재물은 "주체적으로는 '계속해서 소멸'한다. 하지만 **객체적으로는 불멸**"(Whitehead 1978: 29)이다. 주체는 주체 되기가 완성되는(충족 상태에 이르는) 즉시 초주체가 되어 (충족 그 자체가 초주체다. [Whitehead 1978: 84]) 창조성에 자기를 추가하는 존재가 되고, 불멸하는 객체성이라는 성격을 띠는 존재가 된다. "피조물은 소멸한다. 그리고 불멸한다"(Whitehead 1978: 82). 즉, 객체로서는 영원히 존재하게 된다. 왜냐하면 그 객체는 주체되기를 감행하는 다른 현실 존재물의 여건이 되어 그 존재물 안에 수용되기 때문이다.

우주 안의 모든 현실 존재물은 같은 운명을 짊어진다. 한편으로 주체되기를 계속 감행하지만, 그 결과 초주체 상태가 되고, 객체 상태가 된다. 이런 식으로 모든 현실 존재물은 서로를 내화[내재화]한다. 즉, 모두가 모두에게 내화를 위한 객체, 잠재태가 되고, 또 실제로 내재된다. 이 상호 객체됨, 상호 내재됨이라는 운명을 벗어날 수 있는 현실 존재물은 없다는 사실—이것이야말로 우주적 연대성의 기초라는 것이 화이트헤드의 생각이다.

앞서 우리의 논의에서 나온 소산, 삼투가 바로 이 상호 내화의 물리적 측면을 뜻한다. 모든 존재물은 소산과 삼투의 망 또는 장을 벗어날 수 없다. 존재한다는 것은 다른 존재물들로 소산된다는 것, 삼투된다는 것, 즉 물리적 객체로서 남들에게 기여한다는 것을 뜻한다. 화이트헤드가 말한 내화가 소산과 삼투로써 가능한 물리적 내화를 뜻하는 것이라 보기는 어려울지 모른다. 그가 말한 내화는 (자기 되기를 위한) 여건의 포착과 그 결과물로서 포괄적인 것이기 때문이다. 그러나 여건을 포착해 타자를 내화하는 과정에서 주체는 반드시 타자를 물리적으로도 내화한다. 즉, 상호 내화는 물리적인 상호 내화를 언제나 대동할 수밖에 없다.

  이 상호 내화, 상호 객체화라는 현실을 '증여'라는 언어로 번역해볼 수도 있지 않을까. 주체는 자기도 모르게 객체가 되어 남에게로 소산, 삼투되고 동시에 남의 포착을 위한 여건이 된다. 이것은 **뜻하지 않은 증여**라는 사태를 의미한다. 존재한다는 것은 뜻하지 않게 증여한다는 것을 의미한다. 동시에 존재한다는 것은 남들의 뜻하지 않은 증여를 받는다는 것도 의미한다. 즉, 존재한다는 것은 선물을 주며, 선물을 받는다는 것이다. 존재의 바다란 **증여의 바다**다. 우리 우주 안의 모든 존재물은 **증여하는 자로서만** 존속한다는 독특한 운명을 짊어지고 있다. 그러니 각 존재물은 증여 그 자체다. 어느 누군가의 증여가 다른 누군가의 주체 되기의 원료가 되고, 이쪽의 증여가 저쪽의 증여로 이어진다. 우리 우주의 바다를 채우고 있는 것은 바로 이 증여의 물결이다.

  비슷한 맥락에서 화이트헤드는 우주 자체가 연대의 꼴을 취하고 있다고 말한다. "우주는 현실 존재들Rēs Verae의 다수성이면서 동시에 현실 존재들의 연대"(Whitehead 1978: 167)라는 것이다.

  그러나 화이트헤드가 말하는 이 개별 존재들의 연대

는, 그 존재들이 단순히, 이유 없이 형제자매처럼 서로에게 증여의 호의를 가지고 연대하고 있다는 말이 아니다. 그가 말하는 개별 존재들의 연대는 **전체(하나)를 함께 지속시킴**을 함축한다. 그의 말을 직접 들어보자.

> 이 우주는 현실계 존재들rēs verae의 다수성이면서 동시에 현실계 존재들의 연대다. 이 연대는 그것 자체가 흐름을 통해 새로움을 확보하는, 무한한 영원성이라는 원리를 내장한 거시적인 현실계 존재들의 효과다. 이 다수성은 미시적 현실계 존재들로 구성되는데, 그 각 존재는 '영속적' 영원성을 확보하는 유한한 흐름이라는 원리를 내장하고 있다. 한편으로, 일자는 다자가 된다. 다른 한편으로, 다자는 일자가 된다. (Whitehead 1978: 167, 강조는 인용자)

여기서 화이트헤드는 (낱 현실 존재물들의 관계가 아니라) 우주 자체와 낱 현실 존재물의 관계를 논한다. 우주는 변형되어 낱 현실 존재물들이 된다. 그 낱낱의 미시적인 현실 존재물들은 유한한 흐름(유한 존재)으로서 존재할 뿐이다. 하지만 그 존재는 단순한 유한 존재가 아니라 영원성(무한성)을 확보하는 유한 존재라는 게 화이트헤드의 생각이다. 개별 유한 존재는 이미 영원성을 확보하고 있다. 모두가 무한을 내포한 유한자들이다. 개개의 유한자 자체가 일자의 변형물이기 때문이다. 또한 그 유한자들은 일자의 또 다른 변형물들에게 객체로서 기여하고, 그 결과 새로움을 공급받아 전진하는 일자의 지속에 기여하게 되기 때문이다.

화이트헤드는 각 현실 존재물이 자기의 가치 강도를 우주와 나누는 성질이 있다고도 말한다. 우주를 이루는 개별자는 "자기를 위해 가치 강도를 보호"하지만, 동시에 이 과정에는 "**우주와 가치 강도를 나누기**가 포함된다." 즉, "존재하는 모든 것은 두 가지 면을 보유한다. 즉, 자기의 개별적 자아와 그것의 우주 내 중요성이 그것이다"(Whitehead 1968: 111, 강조는 인용자). 모든 현실 존재물이 자기의 가치를 증대하지만, 그 증대된 가치는 그저 그것만의 가치가 아니라 우주적으로도 중요한 가치라는 말이다. 우주 안에서 어떤 것의 가치가 증대되었다면, 그것이 전보다 더 가치 있는 존재물이 되었다면 이 사태는 단지 그 존재물만의 성취가 아니다. 그 자신도 모르게 그 존재물은 그 성취를 우주와 나눈다. 또는 그 성취는 모종의 우주적 차원의 성취라고 봐야만 한다.

화이트헤드의 생각을 정리하자면, 현실 존재물은 객체로서 서로에게 필연적으로 내화된다. (이 내화를 지칭하는 다른 좋은 언어는 다름 아닌 증여다. 증여받고 증여하지 않는 존재물은 우리 우주에 없다.) 또한 일단 객체가 된 것은, 그 객체성을 절대 잃지 않는다(불멸한다). 개별자가 존속한다는 것은, 타자들을 위한 객체로서 기능한다는 것인데, 이런 임무를 떠안지 않는 존재물이 하나도 없다는 점에서 모두가 우주적 공사에 참여하고 있다. 그런 점에서 모두가 우주적 연대의 바다에 참여하고 있다. 한편, 개별 현실 존재물은 자기 되기의 과정에서 자기 가치 강도를 보호하지만, 그것의 (증대된) 가치는 우주적으로 중요한 가치이기도 하다. 이 역시 우주의 연대성을 시사한다.

7.

화이트헤디언의 시각으로 우리 주변에 있는 사물들을 새롭게 응시할 때, 우리는 어떤 경이의 감각 속에서 그들의 새로운 성격에 부딪히게 된다. 이 부딪힘은, 마치 차디찬 가을날의 바닷물에 알몸을 집어넣을 때의 낯섦, 생경함, 생생함과도 같은 느낌, 즉 기존의 모든 경험과 예측을 배반하고 압도하는 느낌, 요샛말로 현실타격감을 일으키는 최초의, 충격적인 만남이다.

이를테면 나의 이 글쓰기 작업에서 일종의 협력자, 동반자 역할을 해주고 있는 연필이나 컴퓨터는, 화이트헤디언의 시각에서 보면, 순수 객체-도구 같은 게 전혀 아니다. 화이트헤드는 이러한 기물들 각각이 각기 다른 고유한 경험을 하고, 각기 다른 고유한 정신을 갖춘 주체들이라고 말하는 것이 아니다. 즉, 연필의 경험과 주체성이 있는데, 그것은 컴퓨터의 경험과 주체성과는 다른 연필만의 고유한 것이라고 말하는 것이 아니다. 이 책의 주요 관심 사물의 하나인 기물의 존재 지위에 관해 논한 대목도 화이트헤드의 저작에서 찾기는 어렵다. 연필, 컴퓨터 같은 기물과 관련해 화이트헤드의 철학이 시사하는 것은, 이러한 사물들조차 그것이 현실 존재물의 구성물이고 에너지의 한 구현물인 한, 자기실현과 자기 가치 증대를 향한 운동을 그 신체 안에 일정하게 싣고 있다는 것이다. 또한 연필이나 컴퓨터조차 미미하고 원시적이지만 정신과 주체성이 그 신체 안에 배어 있다고 해석해야 한다는 것이다. 나아가 이러한 기물들조차 (현실 존재물들을 싣고 있으므로) 객체 되기의 여행을 하고 있고(즉, 증여를 실현하고 있고), 객체로서는 불멸하기라는 여정에 올라 있으며, 그리하여 우주적 연대에 참여하고 있다는 것이다.

연필과 컴퓨터는 나와 마찬가지로 일자를 이루는 다자의 일원이다. 이들은 존재물들의 연대가 본질적인 특성인 우리 우주를 나와 함께 만들어가고 전진시키는 존재물들이기도 하다. 나만큼이나 이들도 우주 공사에 참여하고 있는 성실한 참여자들이다. 동시에 이들 역시 미약하게나마 정신적 능력을 갖춘 물질들로 이루어져 있다. 마치 내가 (그 능력의 수준에서 차이가 있지만) 그와 비슷한 체세포들로 이루어져 있는 것처럼. 그런 점에서 이들은 나의 친척, 나와 한겨레이다.

하지만 그것만은 아니다. 연필의 흑연과 컴퓨터에 내장된 반도체와 키보드 자판과 모니터 화면, 그것들을 이루고 있는 물질들의 참여가 없다면, 이 글쓰기도 없고 당신에게 전해지는 중인 나의 이 정신도 없다. 이들의 참여로서만 내가 나 되기를 할 수 있다는 점에서, 이들은 그저 나의 친척이거나 나와 한 겨레 사이인 것만이 아니다. 이들은 그 이상이다. 그러니 나는 그들에게 다른 이름을 붙여주는 것이 합당하다. 협력자, 조력자라는 단어가 떠오른다. 그러나 이 단어들보다 더 합당한 단어는 어쩌면, 어쩌면 친구이지 않을까?

4장

보나르

지구에는

돌봄이 무성하다

피에르 보나르, 〈욕조 안의 나체〉, 1937

피에르 보나르(Pierre Bonard, 1867~1947)의 〈욕조 안의 나체〉 연작에서 우리가 발견하는 것은 어느 여인의 나체, 즉 알몸이다. 옷을 벗은 여인 또는 인간의 몸부터 우리는 보게 된다.

옷을 벗은 상태란 정확히 어떤 상태일까? 옷은 이를테면 욕조 같은 것이 아니다. 옷은 인간이 사용하는 도구道具 같은 것이 아니다. 옷이 인간의 도구라면, 그것은 인간이 사용하는 도구라기보다는 차라리 인간화한 도구라고 해야 한다. 옷은 포유동물의 털과 가죽을 대체하는, 인간의 두 번째 피부다. 옷 벗은 인간은 사회적인 공간만이 아니라 야생의 공간에서도 이상하고 위태로운 존재다.

옷 벗은 인간은 위험에 노출된 인간이다. 그러니까 보나르가 그린 욕조 안의 여인은 지금 옷 없이도 안전할 수 있기에 옷을 벗고 있음에 유의하자. 옷은 없지만, 대신 물과 욕조와 욕실이 옷 벗은 인간, 취약한 인간 알몸을 보호해주고 있다. 물론 물의 온도, 즉 수온은 적정 수준이어야 하고 욕실의 기온 역시 적정 수준이어야 한다. 욕실 안에는 유해 가스가 없어야 할 뿐만 아니라 약 21% 수준의 산소 농도도 유지되고 있어야 한다. 그러나 이것만이 아니다. 인간의 알몸을 밑에서 떠받치고 있는 욕조, 욕실의 바닥, 그리고 (그림에는 없지만) 그 바닥을 지탱하는 건축물의 기초, 그 기초를 아래에서 지탱하는 물질, 즉 '땅'이라고 불리는 것, 그것을 아래에서 지탱하는 지각의 층과 지질구조판,

그 아래 맨틀과 핵, 지구의 자기장과 중력이 있어야 욕실 안의 알몸 휴식이 가능하다.

  그러니까 옷을 홀라당 벗고 물이 담긴 욕조 안에서 스파를 하는 행복은 그냥, 당연히, 무조건 가능한 것이 아니다. 지구의 유동체流動體들, 즉 물과 대기와 암석이 목욕의 안녕과 행복을 가능하게 한다. 모종의 인체 돌봄, 생물 돌봄의 효력을 발휘하는 지구가 보나르의 이 그림에서 보이는 독자라면, 이 장을 건너뛰어도 좋다.

1.

피에르 보나르가 〈욕조 안의 나체〉 연작에서 그린 인간의 알몸. 비록 커버린 몸이긴 해도, 우리가 엄마의 뱃속을 막 빠져나왔을 때 우리는 저와 비슷한 알몸으로 이 세상에 나왔다. 갓 세상에 나온 (인간의) 아기를 맨 처음 받는 것은 대체로 산부인과 간호사나 의사의 손이다. 그 아기의 상태를 이리저리 살펴보는 것도 이들 의료진이다. 이처럼 오늘날 갓난아기가 엄마 뱃속에서 나와 처하게 되는 최초의 공간은 대체로 전문 의료진이 있는 의료 돌봄 현장이다. 갓난아기의 건강과 위생을 살피고 관리하는 노동을 수행하는 의료진은, 그 경제적 손익 관계만 제외하고 보면, 본질상 과거에 마을 주민이나 산파, 산모 자신이 했던 돌봄 노동을 대신 해주는 고마운 이들이다.

산모의 몸에서 막 빠져나온 아기는 낯선 주변세계에 너무도 놀라 울기만 하지만, 그 와중에도 당혹스럽고 어리둥절한 기분을 유지한 채 낯선 주변세세를 부지런히 간지한다. 시간이 조금 지나면 제 눈에 보이는 여럿의, 재빨리 움직이는 물체들이 자기에게 해를 가하지 않는 것들이라는 사실을 차츰 감지하게 된다. 무언가 이상한 곳으로 이동해 위험 상황에 처하게 되었다는 불안한 느낌은 이러한 주변세계 인지와 더불어 차츰 사그라들고, 결국 아기는 안심에 이르게 된다.

그러나 그 아기를 안심의 상태로 몰고 가는 것은, 의

료진의 시의적절하고 부드러운 손길만은 아니다. 간호사가 아기의 피부에 가져다 대는 거즈가, 아기의 몸을 감싸 체온을 적절히 유지하게 해주는 어떤 직물이, 아기의 척추를 편안히 떠받혀 주는 평평한 구조물인 침대가 갓난아기를 (의도하지 않게) 돌보고 아기를 안심시키는 데 (그러겠다는 의도 없이) 참여한다. 자궁 안의 물 대신에 이번에는 지구의 공기가, 피부에 너무 뜨겁거나 차갑지 않은 온도의, 산소분자가 충분히 풍부한 생명 친화적인 지구의 대기권이 이 돌봄과 안심의 과정에 (무심히) 참여한다.

이것만이 아니다. 엄마나 간호사가 아기의 입에 분유병을 물릴 때, 이번에는 분유병을 이루는 플라스틱과 고무, 그리고 분유병 안에 담긴 적정 온도의 분유가 아기를 돌보는 데 (의도 없이) 참여한다.

물론 우리는 통상 이런 식으로는 생각하지 않는다. 거즈, 포대기, 담요, 침대, 분유병, 분유 같은 물체를 유용한 '도구'라고 단정하기 때문이고, 우리의 신체 바깥에서 자궁 안의 물처럼 우리를 감싸고 있는 공기를 당연히 존재하는 물질로 여기기 때문이다.

여기서 '도구'는 사용 가능성만이 아니라 수동성, 비생동성(비생명성), 비내면성, 비주체성 역시 함축한다. 도구는 능동적인 존재, 활기와 생명을 스스로 갖춘 자, 행위 주체가 아니다. 도구에는 내면성도 정신도 없다. 도구는 노예-사물일 뿐이다. 인간이 그것을 사용할 때만 제 가치가 세계의 표면 위에 드러나는, 그러나 그렇지 않을 때는 언제라도 죽은 채로 사용자의 사용을 기다리고 있는 물체일 뿐이다. 바로 이런 의미의 노예-사물을 우리는 도구라고 부른다.

공기와 같은 어떤 것이 '당연히 존재하는' 물질이라는 생각은, 그 물질은 필연적으로 존재해야 마땅하다는 가정에 다름 아니다. 산소분자가 충분히, 일정한 양으로 채워져 있는 기체환경이 당연한 것이라는 생각은, 그러한 기체환경의 지속가능성에 대한 가정에 다름 아니다. 이러한 가정에 묶여 있는 한, 우리는 당연하다고 생각한 것이 당연하지 않은 세계를 상상하지 못한다.

비생물 물질은 비주체적이고 비정신적인 기계에 불과하다는 **근대적 물질 상상**modern material imagniary이 우리의 물질관을 좌우하고 있고, 바로 그렇기에 우리는 도구나 배경이 아닌 비생물 물질을 (거의) 상상하지 못한다. 근대적 물질 상상이 활개치는 세계 안에서는, 갓난아기를 돌보는 주체는 어디까지나 의료진과 가족이라는 인간으로 한정되고 만다.

2.

왜 '비인간 물질이 갓난아기를 돌본다고 보기는 어렵다'는 생각이 잘못된 생각일까?

우선, 우리의 갓난아기 사례에서 모든 비인간 물질이 돌봄 참여자로서 인정되지 않는 것은 아니다. 갓난아기의 입속에 들어가는 물과 분유는, 분유병을 이루는 플라스틱과 고무, 물병을 이루는 플라스틱이나 스테인리스 스틸과는 (확연히) 다르게, 갓난아기 돌봄에 어느 정도는 관련 있는 물질로 여겨진다. 그러나 이렇게 생각할 때조차 우리는, 분유병이나 물병을 아기에게 물리는 '인간 돌봄자에 의한 돌봄 행위'가 있는데, 거기에 분유와 물이 보조적인 돌봄 역할을 한다고 생각한다. 바로 이것이 근대적 물질 상상의 환각이다.

이 상상을 떨쳐내기만 하면 실재가 눈에 들어오기 시작한다. 물론 우리의 이 갓난아기의 경우, 엄마는 분명 돌봄 행위의 주체다. 그러나 이 상황에서 분유병과 물병을 든 엄마가 돌봄 행위의 주체로 완성되려면, 분유병과 물병 안의 물질이 아기의 입속으로 들어가 소화기관 쪽으로 이동해야만 한다. 아기를 물리적으로 돌보는 일은, 기껏해야 입 주변까지만 당도할 수 있는 또 다른 포유동물인 엄마의 손(정확히는 팔과 손의 근육)이 아니라, 입 안쪽과 기도와 위벽 쪽으로, 혈관으로 '이동하기'라는 중요한 행위를 하는 분유와 물 덕분에 가능하다. 엄정히 생각해, 분유와 물의 행위성agency이 실재하지 않는다면, 그것을 먹여 아기를 돌보려는 엄마의 손길이나 의도는 무용하기 짝이 없다. 이 상황이라면, 실은 엄마가 보충병이고 분유와 물이 주력군이라고 봐야 한다. 분유와 물이 실제적인 아기 돌봄자이고, 엄마는 이들이 아기를 돌보는 효력을 내도록 옆에서, 이들의 행위를 돕는다.

분유와 물은 그것의 내면에 아기를 돌보려는 의도가 없으므로 그들을 돌봄 주체라고 말하는 것은 부당하다는 반론이 가능하다. 이 입장은 어느 정도는 타당성이 있다. 엄마의 돌봄 의도 같은 것이 분유와 물에 있을 리가 있는가. 그러나 그렇다고 분유와 물의 돌봄 효과가 없는 것은 아니다. 의도는 있지만, 효과는 없다. 그렇다면 우리는 분유와 물 같은 비인간 물질을 **의도하지 않은 돌봄**의 주체라고 부르는 편이 좋을 것이다.

돌봄의 중요 요소인 '돌봄 의도'가 없는 물질에게 돌봄 주체라는 라벨을 붙이는 것은 과하다는 항변도 가능하다. 그 항변자의 손을 잡고, 이렇게 생각해보기로 하자. 갓난아기가 쉬고 있는 병실의 냉난방 장치는 전력 공급이 아니면 작동하지 않는다. 냉난방 장치와 전력은 모종의 돌봄 효과를 내고 있다. 그런데 이 물질들에게는 돌봄 의도가 있지는 않으므로, 이것들 자체가 돌봄 주체인 것은 아니라고 생각해보자. 그렇다면 전력을 공급하고 있는 발전소의 관리자들에 대해서는 어떤 말을 할 수 있을까? 그들 역시 특정 병원, 특정 병실에 있는, 특정한 날에 태어난 특정 아기를 돌볼 의도를 가지고 전력 공급이라는 활동을 수행하는 것은 아니다. 그들은 그저 돈을 벌기 위해 그곳에 고용되어 전력 공급이라는 직무를 수행할 뿐, 특정 병실의 특정 아기를 돌볼 의도는 없다. 그러나 그들의 활동은 분명 우리의 갓난아기를 돌보는 효과를 발휘한다. 병실 밖에 존재하는 이 사람들 역시

'의도하지 않은 돌봄'의 주체들이라는 말이다. 그렇다면 왜 냉난방 장치나 전력에는 이 라벨을 붙일 수 없다는 말인가?

우리의 항변자의 대답은 아마도 이러할 것이다―고도의 정신 능력을 갖춘 인간과 그런 능력이 없는 물질을 같은 수준에서 취급할 수는 없다. 결국 우리의 관심은, 냉난방 장치와 전력, 분유와 물 같은 비인간 물질들의 정신적 능력, 행위적 능력으로 귀결된다.

그러나 그것을 판별해 어떤 결론에 이르기 전에도 '의도하지 않은 돌봄'이라는 것이 현실계에 실재함을 인정하기만 하면, 우리는 돌봄 현장에 있지 않은 수많은 인간과 비인간 존재물들을 그러한 돌봄의 주체로 간주할 수 있는 것이 아닐까? 한 명의 갓난아기가 병원에서 태어나 집으로 가기까지 무수한, 보이지 않는, 의도 없는 돌봄들이, 보다 가시적이고 의도된 돌봄들과 더불어 그 아기의 삶에 연루되는 것처럼 보인다.

3.

갓난아기의 돌봄에 관여하는, 돌봄 현장 바깥의 존재물 전체를 살펴보기 위해서는 이러한 질문이 필요하다―아기의 입으로 들어가는 분유와 물은 어디에서 온 것들일까? 이 질문은 우리를 병실을 훌쩍 벗어난 곳, 보다 먼 장소로 데려가며 아기 돌봄의 지평이 병실이나 집보다 훨씬 더 큰 지평이라는 깨달음으로 우리를 인도한다.

인간이 마시는 물 한 방울은 인간이 인공적으로 제작할 수 있는 물질이 아니다. 아뿔싸! 생성형 인공지능을 만든 인간이 물 한방울조차 제조하지 못하다니! 병실의 갓난아기도 마시는 그 물은 지구를 돌고 도는 바로 그 물 분자의 덩어리이지, 화성이나 금성에서 수입된 물이거나 어느 공장의 기계에서 생산된 물이 아니다. 그러니 만일 물이 고유의 행위력을 보이며 아기의 몸을 의도 없이 돌본다고 말할 수 있다면, 그 돌봄에는 지구 규모의 물 순환이 연루되어 있다고 말해야 한다. 만일 물이 의도하지 않은 돌봄의 주체라면, 물 순환과 관련된 지구의 영역 전체가 그와 비슷한 활동의 주체라고 봐야 한다.

하지만 그 영역은 놀랍게도 수권에 한정되지 않는다. 물 분자가 통과하지 않는 지구의 영역은 핵 정도에 불과하기 때문이다. 물은 못 가는 곳이 없다. 그것은 바다에 가장 많이 모여 있는 것처럼 보이지만, 그 일부는 끊임없이 대기로 올라가서는 비로 내리고, 그리하여 땅을 적신다. 물은 육상 생물의 몸들로 들어가기도 하고 지하로 내려가기도 하는데, 지하로 내려간 것은 점토 광물의 일부가 되기도 한다. 심지어 물은 맨틀에도 있다. 맨틀에는 바다의 물보다 10배가 넘는 물이 보유되어 있다고 추정되고 있다(로버트 M 헤이즌 2014: 108-112). 적정 처소가 어디인지 말하기 어려운 이 유랑자 물질을 지시하기에 적당한 단어는 다름 아닌 '귀신'이다. 아기의 입속에 들어간 물 분자는 지구 전역을 유랑하는 이 귀신의 한 부분일 뿐이다.

분유 역시 복잡한 탄생 과정을 거쳐 병실로 온다. 발원지는 광합성하는 생물의 신체 안이다. 광합성의 결과물로 나온 당(포도당 분자)은 (그 생산자들인) 식물, 조류, 박테리아의 신체를 경유해 전 지구의 생물 신체들을 돌고 돈다. 수중 식물을 비롯한 지구상의 식물이 광합성으로 생산하는 유기물은 1년에 5,000억 톤에 이른다(이와나미 요조 2010: 44). 거대한 화학 산업이 광합성하는 식물, 조류, 박테리아에 의해 운영되고 있는 셈이다. 바로 이 산업 덕에 특정 생물 신체들과 그 일부가 (농지와 산지, 바다와 강, 양식장, 공장과 도로와 바다를 거쳐) 마트까지 도달할 수 있다. 우리의 엄마가 분유를 구매한 바로 그곳까지 말이다.

그러나 물과 분유, 지구와 생물권은 깔끔하게 분리되지 않는다. 음용 가능한 분유가 물과 가루를 섞은 것이듯, 지구의 물은 일종의 유동체로서 생물의 몸들을 통과하며 그것들을 부양한다. 분유 생산의 절대 기초, 즉 포도당 생산 과정인 광합성에도 물은 필수 원료가 된다. 즉, 물이 없다면 포도당도 없고 포도당이 없으면 우유(소의 젖) 같은 귀한 물질도 지구에 나올 수 없다.

이 같은 전체 풍경은 병실 안 갓난아기가 배고픔이라는 고통에서 벗어나는 사건이 모종의 지구적 규모의 사건임을 시사한다. 누가 아기를 돌본다고 말할 수 있을까? 지구 규모의 물 순환과 유기물 순환 그리고 그 순환의 현장인 지구의 여러 권역, 특히 생물권, 그것들로 인해 가능한 어느 동물의 젖이 아기 돌봄에 중요할까, 아니면 병실 안에서 아기를 돌보려는 선한 인간들의 선한 돌봄 의지가 중요할까? 온 마을이 아니라 온 지구가 아기를 돌본다.

4.

거즈, 포대기, 담요, 침대, 분유병, 물병은 어떨까? 이것들 역시 의도하지 않은 돌봄의 주체들이라고 볼 수 있을까?

이 물질들은, 그것이 비인간인 데다 비생물이라는 점에서 우리에게 이중으로 이질적인 존재들로 느껴진다. 인간이 아니라는 점에서 동족이 아니고, 생물이 아니라는 점에서 다시 한 번 더 동족이 아니다.

그러나 거즈나 포대기, 담요, 침대보 같은 직물은 식물을 원료로 한다. 그것이 합성섬유라 해도 원료가 되는 합성물질은 원유(석유)를 원료로 하고, 그 원유 역시 식물 사체의 변형물이다. 분유병과 물병에 관해서도 비슷한 이야기를 할 수 있다. 스테인리스 스틸, 매트리스, 침대 프레임의 원료가 되는 물질 역시 지구의 광물들을 원재료로 하는 것들이지 화성이나 목성에서 인간이 가져온 것들은 아니다. 요컨대, 갓난아기의 돌봄 현장에서 돌봄을 보조하는 것처럼 보이는 저 거즈, 포대기, 담요, 침대, 분유병, 물병 같은 물질은 지구의 광물, 생물의 변형물-하이브리드 물질이다. 인간의 시점을 거두고 지구의 시점에서 병실 전체의 정황을 살펴보면, 이 물질들 역시 그곳에 있는 간호사나 산모, 갓난아기처럼 지구 자신의 변형물일 뿐이다.

  우주의 역사를 들춰봐도 우리는 두 유형의 물질(비인간 비생물 물질과 인간)의 공통분모를 어렵지 않게 발견한다. 빅뱅 이후 38만 년이 지나 우주에 최초로 출현한 원자인 수소 원자를 공통 조상으로 하는 원자 기반 물질들이라는 점에서만큼은, 포대기와 인간은 다르지 않다. 물론 10^{27}개 정도의 원자들로 구성되어 있고 지구 생물 가운데 가장 많은 뉴런을 보유하고 있는 인체가 그보다 훨씬 더 단순한 분자화합물에 불과한 직물의 신체와 동급에서 취급될 수 있다는 말은 아니다. 행위 능력의 차원에서 두 존재물 사이에는 엄청난 격차가 존재한다. 그러나 분명 그 두 신체는 우주가 만들어낸 힘과 장과 기본 입자들이 제 기원이라는 점에서 공통점이 있다. 복잡한 뉴런으로 가능한 여러 정신적 능력을 중시하는 (그것을 중시하고 싶은 인간의) 관점에서 그 둘은 전혀 친척이 아니지만, 우주나 우리 은하, 태양이 그 둘의 친척 여부를 판단하는 주체가 된다면, 그들은 분명 '포대기와 인간이 서로 친척 간인지 아닌지 가려달라'는 청원 자체를 어리석은 자의 발상으로 여길 것이다.

  제인 베넷Jane Bennett이 선도적으로 주장한 생기론적

유물론의 옹호자라면 '물질적 생기material vitality'라는 공통분모 역시 말하고 싶어 할 것이다. 제인 베넷은 금속의 사례를 들며 비생물 존재의 생기를 논한다. 금속은 결정체 구조물인데, 그 분자 구조물 사이에 존재하는 빈 구멍들 또는 "결정체들 사이의 공간들" 덕분에 철에 열을 가하면 강철이 된다. 더 구체적으로는, 가해진 열로 인해 금속 결정체 구조물의 각 결정들 사이의 빈 공간들에서 자유롭게 움직이는 원자들의 진동 때문에 철은 강철이 된다. 그리고 베넷이 보기에는 금속의 생기란 바로 이 원자들의 진동에서 발견된다(Bennett 2010: 59). 상황에 따라 그 운동 강도와 형태가 달라지는 입자들의 구조물이자 입자들의 운동이 발생하는 한정된 시공간이라는 사실만 보면 포대기와 철, 인간은 친척이다.

      그러나 여기서 중요한 것은 포대기도 생기의 주체라는 것이 아니다. 중요한 것은, 인간의 입장에서는 감지되지 않는 방식으로 수행되는 포대기라는 사물의 내적 자기 구성 활동, 내적인 자기 창조 운동과 그 결과물이 어떤 물리적 상황에서는 타자에게 향하는 효력이기도 하다는 사실이다. 특정한 조건이 갖추어진 상황에서 침대는 침대대로, 포대기는 포대기대로, 각자만의 방식으로 제 표면에 닿는 물질에 감응하고 작용하는 능력을 발휘한다. 그런 의미에서 우리의 병실 안 침대와 포대기는 행위 주체들이다. 물론 우리의 병실에서 그 행위는 일종의 돌봄 행위로 간주되어야 한다. 돌보겠다는 의도 없이, 그러나 확실히 돌봄을 수행하는 이 물질들을 어떻게 봐야 할까?

5.

너무 뜨겁지도 차갑지도 않은 온도의, 산소가 충분히 많은 기체환경은 어떤가? 이들 역시 모종의 (인체) 돌봄 주체들로 볼 수 있을까?

홀로세(약 11,700년 전에 시작)는 너무 뜨겁지도 차갑지도 않은 온도의 기체환경이 줄곧 이어진 무척이나 예외적인 지질학적 시간대다. 인류가 이룩한 모든 문명은 바로 이 예외적으로 생명 친화적인 기체환경 속에서만 가능했다. 홀로세가 시작된 이후의 특정 온도, 특정한 이산화탄소 농도의 특정한 지구 기체환경이 지구상 생물들의 삶에 절대적 기반이 되어왔다. 하지만 그런 기체환경이 생물들의 삶을 의도적으로 부양하고자 했는지에 관해서라면 우리는 확실히 말하기 어렵다. 그렇다면 우리는 그 기체환경에도 그 의도를 확인할 수 없는 돌봄 행위의 주체라는 지위를 부여해야 마땅하다.

사실 오늘의 기후위기는 이 **돌봄 효과의 파손**으로 인한 위기이지 다른 것이 아니다. 온실효과를 발휘함으로써 지구를 적당하게 따뜻한 서식 조건으로 만들었던 고마운 온실가스들이 과다 급증한 사태가 작금의 위기 상황이다. 이산화탄소 같은 온실가스가 차지하는 비율의 유지, 즉 기체 농도 균형이야말로 지구상 생물 돌봄의 중대한 기초이자 수원지水源池였다.

물론 기체환경이나 공기 자체를 그저 '당연히 있는 환경' 같은 것으로 여긴다면, 이들을 일종의 돌봄 행위 주체라고 여기기는 어려울 것이다. 그러나 기체환경이나 공기의 물리적 실질은 수소, 탄소, 질소, 산소, 메테인 같은 기체 분자들과 물 분자들, 그들 간의 구성 비율(기체 간 균형), 그리고 그들의 부단한 순환 운동이라는 점을 생각해봐야 한다.

생물학자들과 의학자들은 온실가스 외에도 지구 기체 분자들 가운데 약 21%의 비율로서 존재하는 산소의 중요성을 강조한다. 약 24억 년 전(이 시점에 대해서는 학자마다 의견이 다르지만) 지구 대기권에 산소량이 증가하는 대사건이 발생해 오랜 기간에 걸쳐 지속된다(이를 산소대폭발사건Great Oxidation Event이라고 부른다). 이 사건은 당시 지구상 생물의 대다수의 미생물들에게 맹독성 물질이었다고 한다. 그 미생물들은 산소가 적은 환경에서 진화했고 그 환경에 적응한 이들이었기 때문이다. "지구상의 대부분의 미생물은 산소 때문에 사멸했다. 산소 농도가 상승함에 따라 지구상의 생물이 멸종한 사건을 '산소 홀로코스트'라고"(이나가키 히데히로 2022: 55-56) 할 정도였다. 지구상 최초의 대멸종은 바로 이때 발생했다(헨리 지 2022: 18).[13]

그러나 '산소대폭발사건'이라는 이름이 주는 인상과

는 달리, 산소 증대 사건은 몇 세기만이 아니라 십억 년이 넘는 장구한 세월에 걸쳐 지속적으로 발생했다(이를테면 약 18억 년 전 지구의 산소 농도는 지금의 약 1% 정도에 불과했다, 앤드루 H. 놀 2021: 132). 약 8억 5천만 년에서 5억 년 전 사이에 한 번 더 산소가 급증하는데, 이로써 지구 대기권 내 산소 농도는 20% 수준까지 올라간다(줄리아 애드니 토머스 외 2024: 83). 이러한 2차 산소급증사건을 초래한 원인으로는 조류의 증식이 꼽힌다(로버트 M 헤이즌 2014: 261).

여기서 우리가 주목해야 할 중요한 사실은 크게 둘이다. 첫째, 약 5억 년 전에 이르면 산소 농도가 약 20% 수준으로 올라갔는데, 바로 이 덕분에 동물의 복잡한 신진대사가 가능해졌을 것이라는 추정이다. 이 당시의 산소급증사건은 다양한 동물 형태가 폭증한 사건 직전에 일어났기에 가능한 추정이다(줄리아 애드니 토머스 외 2024: 83). 이 추정이 맞다면, 특정 농도의 산소 기체환경이 동물의 탄생과 진화를 촉발했다. 대기 자체가 생물의 진화 방향에 일정하게 영향력을 행사하는 중요한 힘의 주체였다.

아니, 산소급증사건은 동물만이 아니라 실은, 육상 생물 전체의 진화를 촉발했다. 산소는 결합을 좋아하는 물질이다. 산소는 "전자에 굶주"려 있고(로버트 M 헤이즌 2014: 208), 반응성이 강해서 다른 원자들과 "마구 결합한다"(김상욱 2023: 384). 산소는 지구에 존재하던 온갖 종류의 광물과 마구, 격렬하게 만나 암석을 풍화했고, 그리하여 양분이 가득 찬 흙이라는 전례 없던 물질을 빚어냈다. 이와 더불어 산소 원자 3개가 모인 오존의 층(오존층)이 성층권에 만들어지면서 자외선이 차단되었다. 바로 이 사태가 육지를 생물이 거주 가능한 지대로 만들었다. 생물이 지구 전체로 제 영토를 넓히는 길을 다름 아닌 산소가 열어주었다(로버트 M 헤이즌 2014: 208; 274-275). 대기권 자체가 생물권의 진화를 촉발했다. 대기(권) 자체가 행위자가 아닌가. 그러나 만일 대기가 행위자라면, 그것은 중대 행위자다.

더 놀라운 것은, 약 21% 비율의 오늘의 산소 농도가 특정 시점부터 "적극적으로 통제되고 있다"는 사실, 그리고 그 사태가 지구상의 숱한 생물들에게 안정적인 삶의 조건이 되고 있다는 사실이다. 가이아 가설의 주창자 제임스 러브록James Lovelock이 보기에 산소와 메테인이 만나면 위험한 활성 반응을 보인다는 점에서, 산소가 수소나 질소와 만나도 폭발적인 반응을 보인다는 점에서 (산소가 많은) 지구의 대기환경은 기이하다. 지구밖에서 일어날 수 없는 화학 현상(서로 반응해도 폭발은 일어나지 않는 현상!)이 지구에서는 멀쩡히 일어나고 있다는 것이다. 따라서 그 기체 분자들의 농도가 특정한 기제에 의해 "적극적으로 유지되고" 있다고 생각하는 것이 맞다는 것이다 (Lovelock 1995; Lovelock 2009; Margulis 1998).

왜 이런 일이 일어나고 있는지에 관해선 확실히 말하기 어렵다. 그러나 이런 일이 일어나고 있다면, 약 21% 정도의 비율의 산소 농도의 유지 자체가 모종의 커다란 **생물 돌봄 막** membrane을 형성하고 있다고는 확실히 말할 수 있다. 이 조건이 아니었더라면 해면동물 같은 원시적인 동물이 발생하지 않았을 것이고, 따라서 척삭동물류도 발생하지 않았을 것이고, 따라서 호모 사피엔스도 발생하지 않았을 것이라는 점에서 이 조건 자체가 인류를 비롯한 숱한 동물에게는 거대한 돌봄의 막으로 인정되어야 한다. 세포에게 세포막은 생존에 필요한 결정적인 장치다. 그처럼 특정 수준의 산소 농도는 지구 안의 무수한 동물에게 긴요한 돌봄 막이다.

경이로운 이야기는 이것이 다가 아니다. 대기권의 생명 부양 저작권은 대기권만의 것이 아니다. 대기권의 항상성 유지에 숱한 생물들이 자기도 모르는 사이에 참여하고 있기 때문이다. 그중에서도 특히 박테리아 집단이 중요한 것으로 밝혀졌다. 박테리아는 새로운 반응 기체를 대기에 부단히 공급해왔고, 그리하여 지구 대기의 독특한 화학적 구성 상태를 유지하게 했다(린 마굴리스·도리언 세이건 2011: 120). 그리하여 "지구상에 사는 모든 생물에게 편안한 서식처를 제공하는 역할을 하고 있다"(린 마굴리스·도리언 세이건 2011: 122-123). 산소 공급에 관여하는 자들, 즉 광합성 박테리아, 조류, 녹엽식물 역시 중대 행위자들이다. 이들이야말로 지구의 주된 산소 조절자들이다. 그렇다면 지구에 막 온 우리의 저 갓난아기를 대기환경이 의도 없이 돌본다는 이야기에, 박테리아와 다른 광합성 생물들이 의도 없이 돌봄에 참여한다는 이야기가 숨어 있다고 봐야 한다.

누가 막 태어난 우리의 갓난아기를 돌보는가?

6.

지금 이 글을 나는 제주도 표선의 어느 게스트하우스에서 쓰고 있다. 내 눈앞에 있는 이 노트북 컴퓨터를 떠받치고 있는 이 목재 식탁, 내 팔꿈치가 가 닿는 이 목재 가구는 내가 어제 처음 만난 사물이다. 이 게스트하우스를 운영하는 이가 어디선가 구비한 이 사물은 누군가가 특정 목재를 가공해 제작한 것이지만, 그 목재는, 설사 그것이 원목이 아니라 MDF라 할지라도 지구에 뿌리를 내리고 살던 특정 나무에서 나온 것만은 분명하다. 어떤 나무의 삶과 죽음이 내 팔꿈치 밑에 어른거리고 있다. 분명 그 나무가 아니었더라면 이 가구도 없고, 지금 이 노트북의 화면 위를 달리고 있는 이 문장을 처리해내는 내 손가락의 운동도 불안정했을 것이고, 그 운동의 속도도 더뎌졌을 것이다.

이 목재 가구의 원료로 사용된 그 나무, 그 변형물인 이 목재 가구, 내 팔꿈치와 내 손가락과 눈과 뇌, 이 화면 속 문장, 즉 당신이 읽고 있는 이 기호는, 지금 이 글쓰기의 순간, 서로 확연히 분리하기가 어렵다. 이 모든 요소가 하나의 **일시적 연결망**을 이루어 이 글쓰기라는 결과물을 빚어내고 있다.

그러나 이 목재 식탁은 이 글쓰기를 얼마나, 어떻게 돕고 있다고 볼 수 있을까? 아니 돕고 있다는 표현이 맞기는 맞나? 이 목재 식탁은, 내가 그렇듯, 독립되어 존립하고 있는 개체가 아니다. 그것은 발생 중인 사건이다. 이 목물木物은 저를 둘러싼 기체 분자들, 물 분자들, 미생물들, 또는 다른 외부의 힘들에 영향을 받으면서만, 그리고 언제든 외부 신체들과 일정하게 습합될 가능성과 함께 존속하고 있고, 이 습합은 언제든 기회만 열리면 발생할 것이다. 이 목재 식탁은 이런 조건 속에서 끊임없이 자기를 재창조해내고 있다.

이 사건에는, 이 식탁보다 더 큰 무언가의, 의도하지 않은 지원이라는 사건이 숨어 있다. 특정한 습도(물 분자의 비율), 온도, 풍속 등의 지표로 확인되는, 이 목물의 분자결합구조를 위협하지 않는 수준의 특정한 대기환경이 이 목물의 지속을 의도함 없이 지원하고 있다는 말이다.

그런데 이 대기환경은 이 거실 공간에서 저 태평양 쪽으로 뻗어 있고, 지구 규모에서 조절되고 있다. 이 실내의 공기는 언제나 이미 대기권(적어도 대류권)의 일부로서만 존재하고 있다.

문제는 대기환경, 대기권이라는 것이 다른 권역이나 그곳의 물질과 단절되어 존재하지 않는다는 사실이다. 대기권은 독립된 권역이 아니다. 대기권(특히 대류권)의 기체 운동에 암석권과 수권과 생물권의 운동들은 적극적으로 관여한다. 암석권의 맨틀은 지질구조판의 틈으로 제 속에 있던 이산화탄소를 지각과 대류권으로 내보내고, 반대로 대류권에서는 암석권에서 나온 이산화탄소를 흡수한다. 대류권의 이산화탄소는 지각을 거쳐 맨틀로 들어가기도 한다. 수권을 도는 물 분자 역시 대류권에 쉽게 침투하고(이것을 증발이라고 부른다), 대류권의 기체 분자의 불안정한 요동이 구름을 밀고 비의 발생을 촉발한다. 한편, 생물권 내 생물들의 활동 자체가 대기권의 기체 갱신 운동에 막대한 영향을 미치고, 정반대로 대기환경은 생물들의 번영과 몰락을 가르는 중대 역할을 수행한다. 이처럼 지구의 네 권역은 생물을 위해 또는 인간을 위해 각각 존재하는 네 개의 독립된 환경 같은 것이 아니다. 유기체 따로 환경 따로 존재하는 것이 아니라 오직 "양자에 의한 공동 생산이 있을 뿐이다"(브뤼노 라투르 2021: 110-111). 대기권의 물질들은 다른 곳에서 온 것들과 섞이면서만 제 유랑을 이어간다.

지구의 권역들을 쉽게 가로지르는 물질들의 이동, 소산, 삼부, 습합, 그리고 이를 통한 물질의 변형이라는 운동이 특정 공간 내 사물의 존속이라는 사건의 배면에 숨어 있다. 만일 대기권과 암석권과 수권과 생물권을 유랑하며 집산集散과 이합離合을 실행하는 수소, 탄소, 질소, 산소 같은 물질들의 운동 과정을 단일한 물질 과정으로 상상할 수 있다면, 그러니까 그것을 일종의 **바다** 같은 것으로 상상할 수 있다면, 지금 이 거실에 있는 이 목재 식탁은 그 바다의 파도에 휘감긴 채로, 그 바다에 의해 일정하게 지탱되면서, 그 바다의 **무심한 지원** 속에서 자기 재창조라는 운동을 수행 중이다. 지구상의 모든 사물은 이 바다에 잠겨 있다. 또는 이 바닷물에 적셔져 있거나 바닷물을 머금고 있다.[14]

그렇다면 이 목재 식탁의 갱신 운동이 안정적으로 지속되는 한, 의도성을 알기 어려운 지구적 규모의 지원 활동과 그 효과가 그 신체의 지속이라는 사건에 개입해 있다고 봐도 된다. 물론 지구적 규모의 지원 활동과 그 효과는 내 신체의 갱신 운동이라는 사건에도 개입해 있다. 그 두 효과가 지금의 내 글쓰기라는 사건에도 미치고 있다.

7.

그러나 이런 검토는 내 글쓰기에 개입한, 의도를 알기 어려운 지원에 관한 일면적 검토일 뿐이다. 우리의 시선은 노트북 자체로 향해야 하고, 손가락으로도 향해야 하며, 눈과 뇌로도 향해야 한다. 노트북의 키보드와 화면, 그 둘을 연결하는 백보드를 구성하고 있는 낱 물질들은 어떤가? 이 손가락뼈와 인대, 손가락 근육, 손톱, 눈과 뇌를 구성하고 있는 각 세포과 그 세포를 이루는 분자들과 그 분자들을 이루는 원자들은? 적어도 지금 언급된 이 모든 물질이 작금의 이 글쓰기에 연루되어 있다고는 말할 수 있을 것이다. 이렇게 쓰면서, 나는 방금 오른손으로 머그컵 안에 담긴 현미차를 조심스럽게 마시고는, 방금 당신의 눈이 따라간 "현미차를 조심스럽게 마시고는" 부분을 타이핑했다—그러니까 앞서 말한 물질들 말고도 식탁 위에 있던 머그컵과 현미차 역시 이 글쓰기의 전진, 글쓰기의 물질 실천, 글쓰기의 자기 되기에 일정하게 관여하고 있다. 대기권, 실내의 공기, 공기 중의 적정 농도의 기체 분자와 물 분자의 이동, 목재 식탁, 노트북과 전기, 머그컵, 현미차, 팔과 손가락과 눈과 뇌라는 부분을 거느린 이 신체, 이 신체를 떠받치고 있는 건물바닥과 그것을 떠받치는 지표면, 신체와 지구 사이에 작용하는 중력, 태양풍을 막아내는 지구의 자기장 등이 일시적 연결망을 형성해서는 화면 위에 문장 늘어놓기라는 지금의 이 사건을 짓고 있다.

　　　　엄밀히 말하면, 이 물질들의 관여는 그들의 의도하지 않은 지탱함, 지원함, 보조함, 도와줌이다. 여러 물질이 이 글쓰기라는 사건의 발생과 지속을 아래에서 지원하는 효과를 발휘하고 있다.

　　　　이 시원의 지층은 얄팍하지 않다. 현미차의 현미라는 층 아래에는 벼의 광합성, 그 풀이 뿌리내린 땅의 수분과 미생물과 균류의 활동, 대기와 흙을 오가는 질소와 탄소 분자들의 운동, 농부의 손길이라는 여러 층이 깔려 있다. 현미차를 담은 머그컵이라는 층 아래에는 고온을 창출한 불의 열기, 주조틀, 공예품 제작자의 손길이라는 여러 층이 깔려 있다. 내 손가락과 눈과 뇌의 활동 과정을 지원해주는 것 역시 그저 방금 마신 현미차와 머그컵만은 아니다. 간밤의 수면, 어제 저녁 먹어둔 곡식과 과일과 채소, 그 음식물의 생산을 돌본 것들, 계속해서 내 코와 입과 피부를 오가는 기체 분자 같은 것들도 중요한 조력자들이다.

실로 여러 층의 의도 없는 (또는 의도를 알기 어려운) 지원이 이 글쓰기 사건에 개입되어 있다. 그리고 이 지원을 돌봄이라고 불러도 크게 이상할 것은 없다. 의도 여부를 파악하기 어려운 숱한 돌봄 활동이 파도처럼 밀려와 이 글쓰기의 해안을 철썩철썩 치고 있다. 이 글쓰기는 그러한 무수한 돌봄 활동들에 포근히 감싸인 갓난아기다.

아니, 눈에 띄지 않은 방식으로, 감지되지 않은 방식으로, 그 의도를 확실히 알 수 없는 방식으로 "지구가 우리를 돌보고 있다"(Margulis 1998: 115).

홀로 면벽수행하는 저 히말라야의 수행자도, 철창에 갇혀 벽과 이야기하며 사는 저 수감자도 실은 지구의 무심한 돌봄에 노출된 채로 살아가고 있다. 모두가 어떤 가피加被 속에서 살아가고 있다. 다만 이러한 실재가, 사고 습성習性과 습기習氣로 인해, 앎과 사고의 영역 바깥에 머물러 있을 뿐이다.

그러니 이렇게 말해도 된다. 과학과 철학이 우리를 돌본다. 사물에 관한 새로운 과학과 철학이 우리를 돌본다.

5장

뒤러

밥상에 온 신령한 것들[15]

알브레히트 뒤러, 〈기도하는 손〉, 1508

손을 그린 회화작품이 적지 않겠지만, 알브레히트 뒤러(Albrecht Dürer, 1471~1528)의 〈기도하는 손〉(1508)만큼 유명한 작품도 드물 것이다. 이 손은 꽤 잘 그려졌는데, 기도하는 손의 느낌을 잘 표현했기 때문이라기보다는, 손이라는 사물에 우리의 시선을 끌어당기기 때문이다. 즉, 이 손은 기도하는 손이기 이전에 하나의 손이어서 문제적이다.

몇 가지 이유에서 그렇게 말할 수 있다. 우선 이 그림은 대칭과 균형, 조화라는 이상과는 아무런 관계도 없는, 불규칙하고 제멋대로인, 근육과 살과 혈관과 뼈로 된 기괴한 형태의 덩어리인 손을 가감 없이 보여준다. 귀신해파리나 눈잣나무, 송로버섯 같은 이들의 시각에서 보면, 왜 다섯 갈래의 기다란 살점이 뻗어 있는지도, 그 기다란 모양의 살점이 왜 몇 개의 뼈마디로 나뉘어 있는지도 의아하지 않을 수 없다. 인간의 손은 오직 인간에게만 기괴하지 않다.

또 하나, 이 작품이 우리의 시선을 끄는 이유는 작품 속의 손이 인간이라는 존재를 다시금 생각하게 하기 때문이다. 미켈란젤로Michelangelo의 〈다비드〉(1501~1504)나 윌리엄 블레이크William Blake의 〈뉴턴〉(1795~1805)에서 우리는 21세기인의 트랜스휴먼적 이상, 즉 인간의 한계를 초월한 인간의 초상을 만난다. 이 미술 작품들에 구현된 다비드나 뉴턴은 무결점의 인간이다. 당연하지만 이들은 젊은, 백인 남성들이다. 뒤러의 〈기도하는 손〉은 어떤가? 이 작품 안에 표현된 손의 주름, 굴곡,

일정하게 갈라진 모양은 무결점의 인간은커녕 무언가를 거머쥐어야 하는 자, 그렇게 먹고 또 살기 위해 분투해야만 하는 자, 취약한 자로서의 인간을 뜻하지 않게 보여준다. 그러니 저 손은, 이미 어떤 운명의 상징이다. 그것은 곧 고난이 있는 세계에 내던져진 자의 운명을 드러낸다. 뒤러의 의도와는 무관하게, 그것이 손이라는 이유만으로 그렇다.

그러나 이 손은 취약한 존재인 채 그대로 기도하는 인간의 손이기도 하다. 취약한 자로서의 정체성을 드러내는 손이면서도, 타자의 취약성에 관심을 둔 손, 그것으로 향하는 손이다. 이 기도하는 손 뒤에는 돌보는 손이 어른거리고 있다.

1.

　　　　세계에 내던져진 자. 그가 감당해야 하는 건 말하자면, 주변세계에의 적응이자 생존을 위한 분투다. 그러나 이것은 인간의 숙명이 아니라 지구에 태어난 모든 생물의 숙명일 것이다. 살라는 명령을 받은 자, 즉 생명生命 받은 자, 생명이 깃든 자, 숨 붙은 자, 숨붙이라면 누구나 짊어지는 숙명. 어느 한 숨붙이가 얼마나 오래, 얼마나 효과적으로 자기를 존속할 수 있을지는, 이 지구라는 곳에서는, 그 누구도 정확히 알기 어렵다. 한편으로 지구 전체가, 지구의 유동체들과 물질들이 새로 태어난 자를 보이지 않는 방식으로, 무심한 듯 **돌봐준다**. 하지만 다른 한편으로 자기 신체 바깥에서 에너지를 취해 체내 엔트로피 증가를 막아야만 한다는 생존의 당위가 그를 가만 내버려두지 않는다. 어린 시절을 지나면, 누구라도 생존이라는 전투에 나서야만 한다.

　　　　숨 붙은 자가 자기의 복지를 잘 확보해서 살아감—이것을 '안녕安寧'이라고 표현해보자. 귀신해파리든 눈깃나무든 안녕은 하나의 가능성이나 요청으로서만 존재할 뿐이다. 안녕은 삶의 내용이 될 수 없다. 안녕은 목표점, 지향점이거나 오직 임시적 상태일 뿐이어서 목숨 지닌 자인 우리는 오직 그 지점에 잠시 도달했다가 다시 멀어지고 또 다시 다가서기를 반복할 뿐이다. 다가서고 멀어지고 하는 진자 운동이 곧 생물의 신체를 지닌 우리들의 삶이다. 오늘도 지구라고 하는 큰 빈 도화지에 미약하고 헐벗은 자들이 안녕의 가능성을 실재의 안녕으로 바꿔내려고 각자 자기식으로 그림을 그려가고 있다. 삶이라는 그림을.

이것을 생각해보면, 지구상의 생물이란 '완비한 자'와는 매우 다른 존재임이 분명하다. 산 것에게 완비는 늘 순간의 경험이고, 곧이어 완비했다는 느낌이 빠져나간 자리에 **결여**가 찾아든다. 그런 점에서 생물(그 일원인 인간)은 결여를 기본값으로 가지고 있고 결여를 해결해야만 하는 자다.

이것은 곧 생물이라면 누구나 감내해야 하는 무거운 운명을 가리킨다. 취약성은 생물의 한가지 면모가 아니다. 취약성이야말로 생물의 결정적인 속성이다. 물론 인간도 예외일 리 없어서 "인간이라는 것은 곧 취약하다는 것"(Nedelsky·Mallison 2023: 71)과 다른 것이 아니다. 귀신해파리든 눈잣나무든 인간이든, 산 것은 누구나 제 결여를 채우려 애쓰는 가여운 자들이다.

생물의 본질적 요소인 결여. 생물의 신체에서 빠져나간 것처럼 보이다가도 금세 제 자리로 돌아와 있는 그 결여. 이것은 살아달라는 요청일까, 죽이겠다는 겁박일까?

장이 있고 소화를 시키는 동물의 경우, 대개 이 결여는 배고픔이라는 형식으로 자신을 제 숙주에게 드러낸다. 하지만 음식물의 부족이 아니라 과잉이 문제인 시대를 사는 우리에게 이런 말은 도무지 와닿지 않는 말일 뿐이다. 다시 말해, '배가 고프다'는 실감은 오늘날 우리의 경험 세계, 저 밖에 있다. 배고픔 자체를 쉽게 회피할 수 있는 '이곳'에 있는 한, 우리는 그것을 절대로 **경험하지 못한다.** 그러나 배고픔의 경험을 다룬 소설이나 영화를 통해 우리는 그것을 짐작하거나 상상할 수는 있다.

2.

에드바르트 베르거Edward Berger 감독의 역작 〈서부 전선 이상 없다〉(2022)는 추위와 배고픔의 시간으로서의 전쟁을 묘사한다. 적의 포화 속에서 천행天幸으로 죽을 고비를 넘긴 (주인공) 파울은 지친 몸을 이끌고 참호 내 앉을 수 있는 곳을 찾아, 앉는다. 마침 건너편에서 부지런히 빵을 씹고 있던 카트(카트진스키)가 눈앞에 나타난 청년 파울에게 손에 든 빵 한 조각을 건넨다. 온몸에 진흙칠을 해서 눈코입을 뺀 얼굴 전체가 석탄처럼 까만 파울은, 건네받은 그것을 입으로 가져가서는 입을 움직여 씹는다. 아니, 그는 그것을 씹어야만 한다. 파울의 입은 살아달라는 요청 또는 죽이겠다는 겁박에 의해 자동적으로 움직인다. 파울은 먹겠다고 생각하지 않는다. 먹겠다고 결단하지 않는다. 먹기는 모든 것의 앞자리를 차지한다. 먹기라는 요구 또는 명령이 파울의 손과 입을 움직인다. 파울의 몸은 빵을 씹는 기계다.

이러한 상황은 파울이 처한 특수한 상황에서는 특별한 것이 아니다. 영화는 계속해서 추위와 배고픔이라는 비-21세기적인, 비-편의점스러운 주제를 다룬다. 어느 날, 파울과 카트는 프랑스의 한 농가를 기웃댄다. 훔쳐 먹을 무언가를 찾기 위해서다. 집 안쪽에 진입한 카트는 용케 거위 하나를 옆구리에 들고 농가를 빠져나온다. 둘은 농부가 등 뒤에서 쏘아대는 총탄을 피하며 거위를 번갈아 들며, 냅다 뛴다. 다행히 총탄은 빗겨 간다. 그리고 그렇게 해서 둘이 가져온 거위를, 총 다섯 명이 한 팀인 카트의 팀원들은 나눠 먹는다. 카메라는 이들 다섯 군인의 표정과 입놀림을 하나씩 차례대로 보여준다.

표정보다 중요한 건, 이들 다섯이 함께 창출해내는 기묘한 분위기다. 감격의 표정들보다 인상적인 것은 **소리**인데, 그 소리는 게걸스럽게, 맹목적으로 먹어대는 소리가 아니라 흥분과 기쁨에서 우러나오는, 마치 침대에서 정사를 나누는 연인들의 점액질 신음과 비슷한 소리다. 그 소리는 날 목숨의 신음이다. 결여를 채우는 시간의 지복至福이 소리라는 외피를 입는다. 이들은 결여의 지옥으로부터 잠시 구원되어 살아 있음의 땅으로 올라온 자들이다. 이 구원의 현장은 소리로 가득하다. 그 소리는 인간의 신음이 아니라, 인간으로 진화한 어느 동물의 몸에서 자연스럽게 우러나오는, 마치 수박에서 수박의 액이 나오듯 자연스레 나오는 원초적인 신음이다. 살 냄새가 배인, 날것 그대로의, 숨길 수 없는, 모든 동물이 공유하는, 다른 생물의 세포를 먹는 동물의 에로틱한 신음.

그러나 이 소리는 전혀 천박하지 않다. 동물의 원초적 흥분과 기쁨이 배어나는 이들의 소리는 되레 애달프고 거룩한

느낌마저 준다

그건 그들이 이 순간 내는 바로 그 원초적인 신음이 그들이 그동안 겪었을 고달픈 시간을 적나라하게 드러내기 때문이다. 배고픔을 해소해야만 하는 모든 동물의 취약성, 배고픔으로 인해 고통받은 시간, 그 깊은 어둠의 골이 거위를 먹는 이 다섯 독일 군인의, 기쁨에 겨운 신음에 고스란히 비쳐 보인다. 지복의 신음이 저 아래쪽의 지옥의 신음을 드러낸다.

3.

어린 시절, 나는 어떻게 저 지옥을 경험하지 않았던 것일까? 그저 운이 좋았던 것일까? 4장에서 본 것처럼, 어린 우리를 돌봤던 것은 굶주림과 질병으로부터 우리를 구원하는 물질을 우리 입에 넣어준 이(들)만이 아니라 우리 입에 들어간 그 물질이기도 했다. 그 물질을 우리는 **음식**(**먹을거리, 땟거리, 식량, 공양물, 供養物, 食物**, хоол, **食べ物**, आहार, নদা, Food, Essen, Nourriture, Alimento)이라고 부르고 있다.

음식은 기이한 하이브리드이다. 인간이라는 생물과 비인간 생물의 하이브리드이기 때문이다. 이 물질은 특이한 종류의 손을 거쳐서만 나타난다. 음악이나 미술이나 소설도 손을 거쳐서 나타난다. 그러나 음식은 죽음을 다루는 (그리하여 결국 삶을 다루는) 손이자 일종의 제관이자 종합예술가인 **조리**調理(요리料理)**하는 손**을 거쳐서 나타난다. 칼과 불과 물을 다루는 손을 거쳐서.

어린 시절, 내게 중요했던 손은 할머니[16]의 손이다. 뒤러의 기도하는 손보다 우리 할머니의 조리하는 손을, 나는 미술관에서 보고 싶다. 내가 한 번도 자세히 보지 못했던 그 손을.

그 손은 올리는 손이기도 했다. 그 시절, 할머니는 한겨울에 부엌에서 찬바람 맞으며, 때로는 콧물을 훔치며, 얼고 부르튼 당신의 손을 움직여 동치미며 김자반 같은 것들을 방으로, 상으로 올려놓곤 하셨다. 할머니의 이런 상차림은, 늘 낮은 자리에서 높은 자리로 '올리는' 행동이었다. 그 상은 찬 아랫자리에서 온기 어린 윗자리로 언제나 '올라왔다.' 부엌과 방 사이에 흐르던 상하와 냉온의 기이한 질서.

심지어 할머니는 방에서 겸상할 때도 당신의 밥그릇을 상 아래에 놓거나, 몸을 상에서 약간 떨어뜨려 놓고는 마치 당신이 하인이라도 되는 듯 식사하곤 하셨다. 어린 나의 머리로는 도무지 알 수 없는 행동이었음은 물론이다. 실은 지금까지도 나는 의문을 떨치기 어렵다. 왜 할머니는 그런 행동을 하신 것일까? 추정일 뿐이지만, 할머니의 행태는 아마도 대물림된 것이었으리라. 즉, 그것은 풍속이었을 것이다.

어린 시절 내가 목격했던 할머니의 일거수일투족을 떠올리며 나는, 조선 후반기와 근대 초기(이 말은 어쩌면 1970

년대 한국 농어촌 사회까지도 해당되는 말이다.) 이 땅에서 살았던 여성들의 삶을 머릿속에 그려본다. 그들의 헌신적인 노동과 삶을. 그들에게 부당하게 강요된 고된 노동과 삶을. 요즘 언어로 하면, 그분들은 위대한 **무급 돌봄 노동자들**이었다.

    그때나 지금이나 **돌봄**은 기이한 성격의 노동이다. 취약한 상태에 있는 인간, 물체, 장소 등을 그렇지 않은 상태로 회복해주는 노동이라는 점에서 '거룩한 노동'이자 '필수 노동'이지만, 정작 그 노동이나 노동의 주체는 사회적으로 터무니없이 저평가된다. (의료 돌봄은 예외이되, 의료 가운데에서도 간호, 요양 업무는 여기에 해당된다.) 가장 높이 대접받아야 하는 자가 가장 낮게 대접받는 부당하고 역겨운 상황이 지속되고 있다.

    혹자는 돌봄 노동은 '아무나 할 수 있기'에, 별도의 자격증을 요하지 않는 노동이기에 그렇다고 반박할 것이다. 그러나 돌봄 노동에는 다양한 기술과 역량이 요구된다. 의료, 간호, 요양, 재활치료, 출산 도움, 조리, 육아와 교육, 심리상담, 심리치료, 청소, 도장, 수리, 시설복구 등 어느 것 하나 특정한 기술과 역량을 요구하지 않는 것이 없다.

    특히 인간 돌봄의 경우, 돌봄이 돌봄받는 이의 마음과 연루되고 사적이고 내밀한 관계 자체를 짓는 어려운 활동이라는 점이 인식되어야 한다. 인간 돌봄은, 돌봄자의 마음과 감정이 피돌봄자의 마음과 감정에 직접 관여된다는 점에서, 둘의 관계의 질이 돌봄의 질을 좌우한다는 점에서 **인간 사이의 전면적인 돌**

봄이다. 모든 인간 돌봄에는, 상대의 마음을 헤아리고 상대의 감정 표현을 수용하는 방식으로 자기 마음과 감정을 드러내는 고난도의 능력이 요구된다. 이 고난도의 능력은 고난도의 기술이기도 하다.

돌봄 노동은 잉여가치를 생산하지 않는다는 반박도 가능할 것이다. 그러나 돌봄 노동이 노동자의 신체적 건강과 일상을 재생산하지 않으면 잉여가치를 생산하는 경제도 멈추고 만다. 더욱이 인간의 삶에 필요한 상품이 과생산되어 문제이고 물질 복지 수준이 일정 수준을 초과한 사회라면, 삶의 안녕을 위해 어떤 노동(경제활동)이 더 중요한가를 새롭게 평가할 필요가 있다. 경제가 과성장한 사회라면, 성장 경제가 아니라 돌봄 경제에 주목해야 한다. 이제는 사회구성원에 대한 돌봄 효력이 어느 정도인가를 기준으로 각 노동의 사회적 가치의 값이 재평가될 필요가 있을지도 모른다.

돌봄 노동은 역사상 대체로 여성에게 그 부담이 집중되었다는 점에서 문제적이다. 생산은 남성, 재생산과 돌봄은 여성이 담당한다는 이분법적 역할 규정이 이 현실의 기초가 되었다. 같은 이유로 어린 시절, 내가 목격한 돌봄의 주체들은 거의 여성들이었다. 기억을 되살려보면, 당시 이 무급 돌봄 노동자들이 수행하던 돌봄 노동은 그야말로 버라이어티했다. 옷 짓고, 다듬이질하고, 다림질하고, 바느질하는(수선하는) 바로 그 사람이 농사에 참여했다(씨뿌리고 김매고 모내기하고 타작하고 누에치고…). 농사지은 것을 가지고 가서 (불 피우고 물 긷고 찌거나 삶거나 볶고, 장아찌나 김치 담그고, 메주 쑤고 장 담그고 과일 말리며) 음식 장만을 한 것도 여성들이었다. 바로 그들이 돼지며 소니 염소니 하는 가축도 돌봤고, 설거지하고, 청소하고, 빨래하고, 젖 먹이고, 출산을 돕는 노동도 수행했다. 집안 살림살이를 도맡았던 이 땅의 여성들이야말로 가정/사회의 재생산에 필수적인 노동을 담당한 **필수 노동자들**이었다.

적어도 조선 후반기, 근대 초기 이 땅에서는 그랬다. 소설가 김원우는 《운미회상록》에서 당시의 남성들, 특히 지식인 남성들의 행태를 "그 훤한 신수로 공것만 바라는 무당서방의 무위도식과 흡사"하다며 크게 질타한다. 그러면서 그들의 '무위도식'을 떠받치던 여성들의 돌봄 노동을 이렇게 서술한다.

> 부녀자들은 어슴새벽부터 일어나 지칠 대로 지쳐서 천근 같은 몸을 누일 때까지 온종일 종종걸음을 쳐야 힌다. **옹달샘이나 우물로 가시 물을 길어오고, 솔가지나 장작을 때서 밥을 짓고, 쇠죽도 끓이고,** 갓난애한테 젖을 먹이고, 시부모의 기침에 오만 신경을 곤두세우고, 설거지가 끝나기 무섭게 **남새밭을 매고, 새참을 장만해야 한다.** 또 **끼때가 닥치면 없는 반찬이라도 앞앞에 놓을 수 있도록 두량**할 뿐 아니라 밤에도 할 일이 태산처럼 밀려 있다…우물물이 부족한 터라 강으

로 가서 전 때를 씻어내야 하고, 바람과 햇살에 말린 다음 풀을 먹여야 하며, 밤이 이슥하도록 다듬이질로 팔목을 혹사시켜야 하고, 땀을 뻘뻘 흘리면서 다림질로 주름을 펴줘야 한다. (김원우 2017: 112-113, 강조는 인용자)

영어 단어 Husband는 남편을, Husbandry는 농사와 가정 돌봄을 뜻한다. 지구 반대쪽의 어느 섬나라에서 가정 돌봄 노동은 일차적으로는 남성들의 몫으로 간주되었음을, 이 단어는 시사한다. 그러나 김원우가 잘 말해주듯, 조선 후반기와 근대 초기 한국에서는 정반대의 악풍惡風이 굳건했다. 집안 곳곳은 여성들의 노동 공간이었고, 여성들의 노동이 없으면 가정도 사회도 작동할 수 없었다.

4.

어린 시절 우리는, 음식 장만이라는 노동이 수행되는 곳을 '정지'라고 불렀다.[17] 그곳에서 우리의 할머니들과 어머니들은 의자도 없이 쭈그려 앉은 자세 그대로 숱한 돌봄 노동을 감내해야 했다. 고행자처럼, 수도승처럼, 보살처럼.

정지는 어두침침한 곳, 연금술이 일어나는 곳, 그러니

까 노자老子가 말한 골짜기 같은 곳이었다. 그곳은 조왕신竈王神이 사는 곳이기도 했다. 마술적이면서도 신적인 장소. 늘 어스름했고 그늘졌던.

그곳의 문을 열면, 과연 무언가가 기다리고 있었다. 그중 하나는 큰 자라 등처럼 생긴, 거무튀튀한 색깔을 한 엄청나게 무거운 무쇠판이었다. 그걸 들어 올리면, 그 아래 모락모락 올라오던 흰 김 아래편의 놀라운 것들. 그러니까 솥은 변주와 다산에 능했다. 솥은 자궁이었고, 풀무였고, 움푹 팬, 무한대로 뻗은 농토였다. 불사하는 곡신谷神(《노자》6장)이 바로 거기 거주하고 있었다. 솥은 불이 자기를 달구면, 곧바로 노동에 나서던 전사였다. 그러나 일이 있든 없든 늘 무사태평하기만 하던 솥이기도 하다. 세상에 영웅이 있고 걸물이 있다면, 솥이야말로 그런 존재였다. 솥은 작은 신神이었다.

지금도 솥은 식당에서 돌솥비빔밥을 주문하면 나오는 돌솥이나 전기밥솥 같은 형태로 우리의 생활공간에 남아 있다. 그러나 어린 시절 내가 만졌던 그 솥은 더 이상 없다. 그 솥이 그리운 건, 실은 어머니가, 할머니가 그리운 것이다. 총명부인, 큰할망, 지신地神, 데메테르가 그리운 것이다. 정지 안의 그 솥은 실은, 큰할망과 우리를 이어주던 탯줄이었다.

그 솥을 떠받치고 있는 부뚜막(불이 뚫고 나오지 못하도록 막아놓은 곳) 아래에는 솥의 짝궁이 장군처럼 버티고 있었다. '아궁이'라는 재미나는 이름으로 불리던, 깊고 좁은, 그 안이 새까만 작은 굴. 숯과 재가 가득했고, 장작이 들락날락하던, 때로는 새빨갛게 타오르곤 하던 그 작은 굴 역시 어린 나의 눈에는 무언가 다 알 수 없는 아련한 곳이었다. 그 어두운 굴의 신비는, 내겐 산 너머 세계의 신비 그 자체였다.

아궁이는 솥과 함께 일한다. 김열규는 그 노동의 장면을 이렇게 묘사했다. "불길이 타고 있다. 부뚜막 아래 아궁이에 불길이 일고 있다. (…) 기다란 막대기인 부지깽이로 아궁이를 헤집다가는 곧바로 잘 다듬어서는 불길을 돋운다. 이내 아궁이 위며 부뚜막이 더워진다. 무쇠 가마솥에서는 물이 끓고, 솥뚜껑이 들먹대고, 덩달아서 더운 김이 솥뚜껑 새로 훈김을 뿜어낸다"(김열규 2013: 75). 불길에 점점 뜨거워지는 아궁이와 그 열기에 감염된 솥의 들썩임은 쌍무雙舞와도 같다. 솥은 늘 아궁이와 한 쌍을 이루어서만 부엌의 연금술을 완성할 수 있었다. 둘은 한 쌍의 신들이었다.

5.

솥과 아궁이는 사물이기 이전에 하나의 장소다. 만남과 모임이 성사되는 곳이기 때문이다. 물이, 장작이, 목숨 가졌던 생물이나 그 변형체인 희생물[공양물]이 그곳에 모이면, 비로소 그곳에서 조리라는 이름의 퍼포먼스가 연행된다. 성냥이나 부지깽이 같은 불 도구, 각종 조리 도구, 그것을 다루는 손이 그 퍼포먼스에 참여한다.

그러나 이 만남/모임 안에는 다른 만남/모임이 쏙 들어가 있다. 인형 속에 작은 인형이 들어 있는 마트료쉬카처럼.

그건 음식이라는 희생물 자체가 이미 만남의 응결체이기 때문이다. 솥에 들어간 것, 이를테면 "흐물흐물한 양배추와 곡식 낟알", "푹 삶겨진 감자"나 "끈적거리는 완두", "돼지 발의 일부였던 연골과 뼈다귀"(귄터 그라스 2002: 216) 같은 것들이 바로 그 만남의 응결체들이다. 이 신체들 자체가 만남의 향연, 그 결실이고 응결이고 수렴이다. 눈부시게 쏟아지는 태양광, 끝도 없이 지구를 돌고 도는 물 분자, 유유자적 여러 신체를 관류하는 기체 분자, 흔히 '흙'이라고 통칭되는 물질 속에서 사는 온갖 세균류와 원생생물류, 균류, 절지동물들, 곤충들…이들 모두가 참여하는 생명의 화학이 근본 토대가 되지 않는다면 저 양배추, 감자, 완두, 돼지는 이 세상에 전혀 나올 수도 없고 제 목숨을 부지해갈 수도 없다.

그러나 이 생명의 화학이라는 사건 가운데에서 핵심 사건이 광합성이라는 사실이 충분히 음미되어야 한다. 지구상의 최초의 먹이, 즉 희생물을 생산하는 광합성이라는 기적이 있고 나서야 비로소 양배추나 돼지의 목숨 부지도 겨우 가능해진다. 광합성 역시 일종의 만남을 기반으로 가능하다. 각기 다른 곳에 있던 이산화탄소와 물 분자와 태양광은 엽록체라는 공장에서 만난다.

그렇다면 음식과 관련된 만남은 양파 구조로 되어 있다. 어떤 만남이 다른 만남을 감싸고 있고, 또 다른 만남이 그 만남을 감싸고 있다. 모든 밥상 돌봄 행위에는 만남들이 교차하고 있다.

6.

음식에 연루된 만남들을 **결혼**이라고 표현해도 무방할 것이다. 한 접시의 떡은 **결혼**이 최소한 두 번은 성사된 후에야 나올 수 있는 물질이다.

첫 번째 결혼은 곡물의 탄생이다. 태양 광자, 기체 분자와 물 분자, 미네랄이 벼의 몸에서 혼효混淆됨으로써 비로소 쌀 한 톨이 출현하는데, 이 혼효감, 그 에로스적 느낌을 감안해 이들의 만남을 결혼이라고 불러보자는 말이다. 물론 이 결혼식의 주관자는 지구이지 농부가 아니다(농부는 인간 참여자일 뿐이다). 이 은폐된 결혼식의 결과물이 바로 쌀과 같은, 곡물의 아람이다.

숯과 아궁이가 있는 곳에서 조리하는 자는 첫 번째 결혼식을 이어 두 번째 결혼식을 거행하는 사람이다. 드라마《파친코》(애플TV 시리즈)의 한 장면은 조리가 왜 결혼인지 언뜻 보여주는 듯하다. 주인공 선자의 엄마는 딸(선자)의 결혼식 날, 딸과 사위에게 먹이려고 조선 쌀을 어렵사리 구한다. 하나뿐인 딸이 결혼식을 치르고는 곧바로 일본으로 떠날 예정이기 때문이다. 그렇게 어렵사리 구해온 조선 쌀이 지금 선자 엄마의 손에 들려 있다.

화면 되감기를 해서 다시 봐야 마땅한 놀라운 장면이 우리를 압도한다. 그것은 다름 아닌, 쌀 씻는 장면이다. 선자 엄마는 지금은 어디에서도 찾아볼 수 없는 나무 조리개를 써서는 쌀을 여러 번 씻어내는데, 카메라는 마치 예배당에서 엄숙하게 수행되는 의례라도 되는 것처럼 이 과정을 클로즈업으로 잡아낸다. 이 장면에서 나무 조리개와 흰 쌀 그리고 쌀을 씻어내는 물은, 천하에 그보다 더 정결한 것은 있을 수 없는 성체聖體다. 신神이 있다면, 신은 바로 이 자리에 와 있다. 이 쌀과 물과 조리개는 결혼식 맨 앞자리에 서 있는 신랑과 신부 그리고 (주례인 앞에 놓인) 탁자와도 같다. 쌀 씻는 당자인 선자 엄마는 이들 앞에서 의례를 집전하는 자, 즉 주례인과도 같다. 선자 엄마는 목숨 가졌던 것, 즉 쌀이라는 신물神物과 물이라는 또 다른 신물을 서로 이어준다. 나무 조리개라는 또 다른 신물이 이 과정에 참여한다. 신물을 다루는 자인 이 사람은 제관祭官, 무당, 탱그리[단군]와 다를 바가 없다.

식물의 신체에서 은밀히 거행되는 결혼. 곡물의 아람을 다루며 음식을 조리해내는, 눈에 보이는 결혼. 이 두 겹의 결혼을 **두 겹의 돌봄**이라 불러보자. 지구의 무심한 돌봄(그리고 농부의 식물 돌봄)이라는 기단 위에 조리사의 돌봄이라는 또 다른 단이 올려진다.

그러고 나면, 그제야 먹는 자가 제 몸을 돌보는 자기 돌봄 행위가 그 위에 마지막 단으로 올려지게 된다. 즉, 이층의 돌봄이 먼저 있어야 자기 돌봄이라는 세 번째 층이 가능해진다.

7.

이 돌봄의 삼층석탑을 세 번의 결혼식이라고 불러도 된다. 무언가를 먹는다는 것도 실은, 결혼한다는 것과 같기 때문이다. 그러나 왜 이렇게 말할 수 있을까?

앞서 쌀을 성체聖體, 신물神物이라고 썼는데, 이것은 수사학이 아니다. 옛날 사람들은 정말로 곡물을 신神으로 생각했다. 그들이 보기에 곡물만큼 신령한 물질도 없었다. 만일 신이 있다면 그 물적 증좌는 곡물이지 다른 것이 아니었다.

적어도 조선에서는 이런 생각이 상식이었다. 조선인(한인韓人)들은 집에 세 종류의 신을 모셨다고 전해진다. 터주(터主), 성주(城主), 조왕(竈王)이 바로 그 신들이다.

터주는 집터를 관장하는 신이다. 터주 신앙은 집이라는 건축물이 놓이게 되는 땅의 자리 그 자체에 기운氣運, 운運이 깃들어 있다는 생각을 드러낸다. 좋은 기운의 땅에 집을 지어야 그곳에 집 짓고 사는 운수도 좋을 거라는 생각이다. 집터에 깃들게 되는 바로 그 기운(신령)이 터주다.

터주는 신체 없는 상상물이 아니다. 터주는 일정한 신체로 변신해서 집 안에서 (집 뒤꼍이나 장독대 근처에서) 지내는데, 이 신체는 항아리와 짚(짚가리)으로 구성된다. 항아리를 짚이 감싸고 있는 행색인데, 마치 항아리가 옷을 입고 있는 듯한 꼴이다. 하지만 이 둘만으로는 터주의 신체神體god-body는 결코 완성되지 못한다. 곡물이 항아리 안에 들어가야 터주의 신체가 완성된다. 이렇게 완성된 몸, 즉 짚가리로 둘러싸인 쌀독(터주의 화신化神)을 옛 조선인들은 터주대감(터줏대감)이라 불렀다. 다른 것이 아닌 곡물이 터주의 신체神體를 완성하는 신령한 물질이다.

성주(성주신)는 무엇일까? 성주는 건물(안채, 사랑채, 곳간 등) 수호신이다. 건물을 보호한다지만, 진짜 보호받는 이는 당연히 건물에 들어가 사는 사람들이다. 건물 한 채가 완공되면 성주가 그곳에 깃들게 히는 제(성주받이굿, 성주맞이굿)를 지낸다. 이 의례 과정에서 '오시는' 성주를 사람들이 받아들이면, 성주가 그곳에 머물게 사람들을 보호하는 일을 시작한다.

터주처럼 성주도 안치되는 자리가 있었다. 그곳은 성주단지(성주독, 성주항아리)였다. 성주단지는 대개 대청마루 한 구석에 놓이게 된다. 물론 이 독은 빈 독이 아니다. 곡물이라는 신령한 물질을 채워 넣어야 성주독이 완성된다. 이처럼 터주 신앙과 성주 신앙에서 우리는 이 땅의 곡령穀靈 사상을 발견한다.

조왕(조왕신), 즉 아궁이(竈)의 왕(신)은 부엌에 머무는 신으로, 한 집안의 먹거리 살이를 돌보고 관장한다. 조왕의 상징체는 불이거나 물이었다. 예컨대 강원도에서는 부뚜막에 불씨를 보호하는 곳을 만들어두었다. 불을 조왕이라 여긴 것이다. 한편, 한반도 남부 지역에서는 부뚜막에 물을 담은 종지(조왕보시기, 조왕중발)를 올려놓고 이를 조왕으로 모셨다. 여기에서는 물을 조왕이라 여긴 것이다. 조리에 긴요한 불과 물도 신령한 존재물, 즉 영물이었다.

조왕은 여성으로 상징되었다. 조왕은 '조왕각씨'나 '조왕할망' 같은 별칭으로 불렸다. 제주도 무속신화(제주도 각 가정에서 하는 굿에 등장하는 '문전본풀이')에 따르면, 조왕은 대문大門의 신인 남선비의 본처(여산부인)로서 여신이다.

터주, 성주, 조왕 신앙은 예맥한족(한민족)의 오래된 신앙(한민족만의 신앙은 아니지만!)으로, 비근대 조선인(한국인)들이 곡물과 불과 물을 어떤 마음새로 대했는지를 잘 보여준다. 그들이 보기에 곡물이야말로 가내 안녕을 위해 집 안에 모셔 마땅한 신의 변형태(스피노자식으로 말하면 신의 자기실현태[양태])였다. 조왕의 화신인 불과 물 역시 그들의 마음세계에서는, 신이었다.

1960년대까지만 해도 한반도 남쪽에는 곡령 신앙이 남아 있었다. 당시 한국인들에게 남아 있던 순하고 따뜻하고 고운 심성은 오늘의 시점에서 경이로우면서도 이질적이다. 작금의 서울 같은 '과문명화'된 메가시티에 사는 오늘의 우리와는 너무도 다른 그 심성을, 권정생의 글에서 읽는 이는 경악하지 않을 수 없다. (오래된 미래를 찾기 위해 우리는 라다크나 부탄 같은 곳을 곁눈질할 필요가 없다. 1950년대와 1960년대 한국은 극복해야만 했던, 가난으로 점철된 흉한 과거만은 아니다.) 권정생은 전후 한국사회의 각 가정에 성주단지, 용단지가 마련되어 있었음을 증언하면서 이런 사물에 담긴 의미를 생각하게 한다. 그의 전언은 이렇다.

> 지금은 돌아가신 판순이네 어머니가 살아계실 때, 이웃집 아주머니가 아기를 낳고 쌀이 없어 굶고 있다니까 자기 집 용단지의 쌀을 퍼가지고 가서 산모에게 밥을 지어준 것을 기억하고 있다. 용단지의 쌀은 단순히 용신(龍神)을 섬기는 단지가 아니라 **죽어가는 사람을 살리는 비상시량** 역할도 했던 것이나. 성수단지의 곡식도 마찬가지다. 흉년이 들면 그 곡식을 함께 나누어 먹었다. (권정생 2008: 29, 강조는 인용자.)

이 증언에서 가장 먼저 알 수 있는 것은, 서로가 삶의 안녕을 돌봐주던 놀랍도록 인정 넘치는 공동체 정신이다. 그리고 용단지, 성주단지가 그 정신의 슬기로운 구현물이기도 하다는 것이다. 용단지, 성주단지는 미신에 불과한 성주 신앙의 부산물이 아니었다. 그것은 가족과 이웃을 위한 비상식량 창고이기도 했다.

또 하나 제기해볼 만한 질문은, 과연 누가 용신이고 성주냐는 것이다. 과연 누가 신인가? 아기를 낳고도 먹지 못한 산모를 살리는, 비상식량으로서의 용단지 안의 쌀. 이 유기분자 구조물은 인간의 창조물인 신, 관념으로서의 신, 경전에 글자로 박혀 있는 신이 아니라 현실 세계에서 실제의 물리적 효력을 발휘하는 신이다. 터주와 성주라는 관념이 아니라 용단지, 성주단지 안의 쌀이 신이다. 그것이 없으면 인간은 죽고 마는 물질, 산모를 살려내는 물질이 바로 신이다. 적어도 신은 거기에 스며 있다.

8.

죽어서, 죽어가며 먹는 이를 돌보는 효과를 발휘하는 어느 신령한 생물의 신체. 음식물의 본질은 이것 외에 아무것도 아니다. 그러나 그 어떤 생물도 자기를 먹는 이를 돌보기 위해서 (그런 목적, 그런 의도로) 제 생명을 스스로 내놓지는 않는다. 어느 누구도 자기 아닌 누구를 위해 자기 생명을 스스로 내놓지는 않는다. 우리가 사는 우주에 그런 일은 일어나지 않는다. 음식물은 확실히 먹는 이를 돌본다. 하지만 그것은 먹는 이를 돌보려고 스스로 제 목숨을 내준 자가 전혀 아니다. 정반대로 그것은 억울하게 희생된 자, 제 생명을 부당히 약탈당한 자일 뿐이다. 화이트헤드가 잘 말했듯 "삶이란 약탈이다." 이 세상에 "음식"이라고 불리는 것은 "무언가로부터 약탈된 것"일 뿐이다(Whitehead 1978: 105). 즐거운 만찬의 시간은 희생과 약탈이라는 사건을 언제나 디디고 있다.

　　　　음식물의 탄생에 깃든 이런 불의와 폭력을 알아차린 채 먹는 자는 음식물 앞에서 마냥 희희낙락할 수 없다. 만일 먹히는 자들의 입장까지 생각한다면 밥상은 기본적으로 즐겁기만 한 자리는 될 수 없다. 즐거운 식사 자리에서 굳이 그 먹히는 것의 입장까지 생각해야 한단 말인가? 이런 항변이 가능할 것이다. 그러나 밥상에 놓인 물질에는 분명 어느 목숨의 희생과 죽음이 어른거리고 있다. 물론 이 희생과 죽음, 폭력과 불의를 생각할지 말지는 전적으로 우리의 자유일 것이다. 그러나 그것을 생각하든 말든, 밥상 위에 희생되어 올라온 이 신적 존재는 제 희생의 부당함과 죽음의 의미를 생각해보라고 먹는 자에게 어김없이 요청한다. 먹는 일 가지고 뭐 그렇게까지 말하냐고 웃거나 화낼 사람에게도, 같은 것을 요청한다. 그 희생물 자체가 언제나 그런 요청으로서만 밥상 위에 올라온다. 그것은 우주의 법정에서 묻는다. 당신이 나를 왜 먹어야만 한단 말인가? 먹기라는 자동운동은 이 요청과 질문을 언제나 묵살한다.

밥상에서 저쪽의 죽음은 이렇게 이쪽의 삶이 된다. 밥상에서 죽은 것들은 먹힘으로써 삶으로 부활한다. 저쪽의 죽음은 이쪽의 삶으로 옮겨간다. 죽은 자는 산 자의 몸으로 변형됨으로써 자신의 (객체적) 불멸성을 이 우주에 입증한다. 음식을 넙죽넙죽 받아먹고 살다가 언젠가 죽게 되는 한 인간 역시 미생물에게 제 사체를 먹힘으로써 삶으로 부활한다. 그렇게 그는 불멸의 운동에 합류한다.

죽음의 삶으로의 변형. 죽음의 꼬리를 물고 있는 삶의 입. 죽음을 끌어 안고서만 나아가는 삶. 이러한 운동은 지구 안에서만, 지구의 생물들에게서만 일어나는 운동은 아닌 듯하다. 거성의 죽음과 그것의 부활이 이를 넌지시 일러준다. 거성의 죽음, 즉 폭발은 잔해물들을 남긴다. 가스와 물질의 구름(별의 먼지)이 그것이다. 흥미로운 사실은 훗날 우주를 떠도는 이 거성의 사체들은 다음 세대 별들의 탄생을 위한 재료가 된다는 것이다. 즉, 흩어진 전 세대 별들의 잔해는 다음 세대 별들의 몸으로 부활하는데, 그리하여 제 몸을 이루었던 물질의 불멸성을 입증한다. 각자가(서로가) 각자의(서로의) 발생 원인이자 토대가 되는 중중무진重重無盡의 우주가 바로 우리 우주다.

밥상에서 일어나는 사건에 깃든 원리도 실은 이런 우주적 보편 원리를 닮았다. 목숨이 제 목숨을 넘겨주고 다른 목숨을 이어준다. 목숨이 자기를 증여해 목숨을 살린다. 그리하여 **생물 현상**이라는 우주의 성취는 지속된다.

밥을 먹을 때마다 우리는 그래야 할 정당한 이유 없이 희생되어 자기를 증여하는 어떤 신령한 생물 덕분에 취약하기 그지없는 우리의 생명을 가까스로 구원한다. 이 구원의 순간을 실처럼 엮은 것이 우리의 삶이다. 먹지 못해 죽어가는 산모에게 이웃이 건네준 쌀은 (자신의 죽음으로써) 산모에게 삶을 선물하고 증여하는 신이다. 밥상은 이 신적 증여라는 사건이 발생하는 시공간이다.

여기서 하나 더 생각할 게 있다. 음식물이 만일 신적 존재라면, 그 존재의 신령한 효용이 발휘되는 장소, 그 신령한 효용이 통하는 장소인 누군가의 육신 역시 모종의 신령한 장소라고 봐야 한다. 곡령신이 들어가 제 삶을 이어가는 자리라면, 그 자리 역시 신령한 장소임이 분명하다. 만일 희생물이 신적 존재라면, 그걸 먹고 그 신적인 힘으로 전진하는 존재도 모종의 신적 존재다.

해월 최시형 선사가 역설한 '이천식천以天食天', 즉 '하늘로써 하늘을 기른다'는 말의 이치가 바로 이것이다(라명재 2021: 150-152). 우리의 입에 들어오는 것은 억울한 희생물이자 동시에 하늘, 즉 신의 한 모습[자기실현태]으로서 신적 존재다. 그것은 태양과 지구라는 신령한 생명의 장에서 운동하는 신령한 것들이 결혼하여 만들어낸 신령한 것이다. 우리는 우리 안으로 들어오는 그 하늘로써(以天) 우리 안의 하늘을 기르고 키운다(食天/養天). 먹지 못한 산모를 살리는 쌀도 신령이지만, 그 신령이 끝내 살리고 키우는 것도 산모가 제 몸으로 모시고 있는 신령이다. 신령은 자신을 증여해 신령의 지속에 기여하고, 증여받은 자는 자기도 모르게 신령의 지속에 기여한다. 이렇게 하여 우주는 **신령 현상**이라는 자기의 성취를 지속한다.

그러니 산모가 (살고자, 안녕하고자) 먹는다는 것은 축하할 만한 사건이 아닐 수 없다. 먹기는, 나 대신 네가 살라는 명령을 받드는 축제다. 삶이라는 선물을 증여받기다. 이 놀라운 사건은 신령과 신령의 만남, 일종의 성스러운 결혼이다. 달리 말해 그것은 신령의 새로 남이다.

새로 난 신령은 자기가 왜 새로 났는지 그 이유를 알아내야만 한다. 자기 보존, 자기 가치 증대만이 아니라 그 이상의 이유를.

6장

조선 사발

우주는 중고물로 가득하다
―쓰레기, 오물, 장애,
와비사비, 수리의 철학

조선 사발, 16~17세기

감의 빛깔을 닮은 누런 흙빛, 그리고 이끼를 연상시키는 빛이 마치 음양의 기운처럼 절묘하게 어우러져 이 그릇의 피부를 이루고 있다. 이끼 쪽엔 식물의 색이라기보다는 다소 차가운 느낌이 드는, 우리 우주의 색에 가까운 거무스름한 빛깔이 함께하고 있다(음의 기운이다). 흙 쪽엔 얌전한 과일의 색이라기보다는 거칠게 타오르는 태양의 색에 가까운 짙은 갈색이 어우러져 있다(양의 기운이다). 차가움과 뜨거움, 조용함과 활달함이 양분되어 공존하는 어떤 세계를 보는 듯하다.

그러면서도 이 그릇은 어느 나이 지긋한 사람의 쭈글쭈글한 얼굴과 몸 같기도 하다. 나이 지긋한 사람, 충분히 무르익은 사람의 경지와 대등한 사물이 있다면, 그건 발효점을 넘어선 간장과 된장과 식초와 술일 것이다. 오직 충분히 무르익은 것만이 드러내는 미감美感의 세계가 있다. 이 그릇 역시 그 미감을 드러내는 사물이다.

그러나 이 찻사발은 숙성된 것의 아름다움만을 드러내는 것은 아니다. 숙성된 어떤 소리는, 어린 것들이 내는 정아한 소리가 퇴색한 소리이기도 하다. 무르익음의 뒷면에는 낡음과 늙음이 있다. 낡고 늙은 상태가 되면서 무르익는 것이지, 그런 것 없이 무르익을 수 있는 것은 없다. 낡고 늙은 상태에서 무르익은 것의 아름다움이 피어나는 것이지, 그런 대가를 치르지 않고 그 아름다움은 탄생하지 않는다. 낡고 늙은 상태 그대로 드러나는 무르익은 것의 아름다움이 무엇인가를 이 그릇은 보여준다. 이 그릇은, 사물의 낡음[늙음]에 관한 우주적 진리를 보여주기에 우리의 시선을 붙든다.

　　　　　　이 작품은 도도야 다완斗屋茶碗이라고 분류되는데, 도도야 다완은 본디 고려의 밥그릇이었던 것으로 여겨지고 있다. 한반도에서 밥그릇으로 쓰일 만큼 범박한 것이었지만, 임진왜란 이후 일본으로 건너가 최고의 예술작품 취급을 받은 것이다. 이와 같은 그릇을 창조할 줄 알았던 고려(조선) 도공들의 미적 감각에 탄복하지 않을 수가 없다. 그러면서도 저 돌올한 미감을 '와비사비侘び寂び'라고 하는, 보다 완정完整한 언어로 표현했고 그 가치를 알아본 일본인들의 감각에도 찬사를 보내지 않을 수 없다.

　　　　　　낡고 늙은 상태 그대로, 불완전한 신체 그대로 드러나는 아름다움은 오늘날 특히 주목을 요한다. 젊음, 새로움, 완벽한 신체, 테크노휴먼과 트랜스휴먼이 맹목적으로 추구되는 오늘날, 와비사비의 미학은 그 자체로 반시대적 미학이 된다. 우리를 비근대의 빛으로 인도하는 와비사비의 미감은, 새로운 문명의 미감이다.

1.

생로병사生老病死, 성주괴공成住壞空. 태어난 자는 늙고, 병들고, 죽는다. 형성된 것은 머물다가 붕괴하고, 공허로 돌아간다.

아마도 이것이 이 우주에서 생명을 받은 우리의 기본값일 것이다. 우리는 모두 이러한 우주의 프로토콜(규범)에 종속되며, 종속되어야만 한다.

그러나 오늘날 우리는 이 프로토콜에의 종속을 거부함이 주류를 이루는 기이한 시대를 살고 있다. 오늘날 우리는 늙고 병드는 것을 싫어한다. 자연스럽게 찾아오는 죽음을 싫어한다. 대신 우리는 삶의 연장을 좋아한다. 우리는 생체의 늙음과 고통만이 아니라 사물의 낡음과 고장 남도 좋아하지 않는다. 낡은 사물, 즉 중고물은 장애 상태의 몸과 등치되어 꺼림직한 것의 영역에 배치된다. 늙음, 낡음, 노쇠, 질병, 불편, 고통, 불구不具(다 갖추지 못함, 온전하지 못함), 장애, 못남, 기능을 잘 수행하지 못함(비생산성, 쓰레기), 더러움(오염됨)은 우리의 사고-감성-언어 체계 안에서 하나의 집합군을 이루고 있다. 우리 중 대다수에게 이런 것들은 회피의 대상이다.

한편, 이 집합군의 반대편에는 대다수가 환호하는 것들이 배치되어 있다. 젊음(안티-에이징), 새로움, 건강, 편리, 쾌락(비고통), 온전, 정상(비장애), 잘남(잘 생김), 무언가를 잘 수행함(생산성), 깨끗함(위생)이라는 요소가 그것이다. 이것들을 가까이하려는 마음과 그 반대의 것들을 멀리하려는 마음은 동전의 양면을 이룬다. 그리하여 병원과 보험, 건강 보조 제품과 웰빙을 돕는 신기술, 최첨단 기법의 시술과 수술, 최첨단 제품이 선호된다. 더불어 자기 관리와 향상의 테크놀로지도 널리 회자되고 판매된다. 막 데뷔한 아이돌 그룹의 뉴페이스와 새로운 춤은 주말 저녁 TV 화면과 시청자의 호기심을 가득 채우는 신형 자동차의 인간적 대응물이다. 신인 아이돌 그룹과 신형 자동차는 공통적인 이상의 표상이 된다. 낡음, 질병, 불편, 못남, 더러움이 전무한 무균과 매혹의 이미지로서 우리의 내면을 지배한다.

오늘날 우리의 이러한 정신적 지향을 **젊음 지향**이라고 불러보기로 하자. 젊음 지향은 20세기 북반구에서 나타난 독특한 문화 현상이다. 이 지향은 신상품 생산과 소비로만 부가 창출되는 경제와 그것을 지탱시키는 **신상품 선호 감각**과 관련이 깊다. 이 20세기식 선호 감각은 새것이 헌 것을 대체하는 속도가 빨라진 정황, 그러니까 새것의 경험이 거의 매일 가능한 새로운 시대 정황에서 태동하고 확산한다. 각종 새것이 5분마다 쏟아져 나와 5분 전에 나온 것들을 압도하는 '대체하기의 쇄도'는 오늘의 뻔한 일상이다. 오늘날 새것은 게걸스럽다. 먼저 나온 것을 삼키기 바쁘다. 그러나 곧 처량한 신세가 되고 만다. 새것이 먹고 먹히는 이 문화는 자연스럽게 (새것에 반응하는 호르몬인) **도파민 집단 중독** 사태로 이어진다. 도파민 중독 시스템에서 자유로운 이가 있다면, 그는 당대의 대로 옆에 비켜서 있는 인간이다.

   우리 시대는 **자아 지향**의 시대이기도 하다. 이 자아 지향의 다른 말은 **자아에의 매몰**이다. 오늘날 자기에 대한 관심은 적극적으로 요구된다. 자기의 향상 자체가 목적이 되었기 때문이다. 자기 향상을 위한 **자기 테크놀로지**가 강박적으로 추구되지만, 자기 향상은 그것 외의 또는 상위의 목적에 의해 제한되지 않는다. 즉, 당대인의 자기 향상은 자기 향상 자체를 목적으로 한다(이졸데 카림 2024).

   관심의 대상이 되는 자아는 보이지 않는 자아(내면적인 자아)가 아니라 (사회적으로) 보이는 자아이고, 대화적인 자아가 아니라 독백하는 자아이다. 그 자체가 목적이 된 자아, 언제까지나 자기를 연장하려는 자아, 욕구의 만족을 향한 내적 운동으로서의 자아. 그 자아는 "제품 음미기吟味器로서의 자아"이자 소비에 매몰된 자아이기도 하다(후지따 쇼오조오 1998: 28-31). 이 자아의 낙원에서 소비 대상인 사물, 소비 행위, 소비하는 자아는 사실상 동일자이다. 자기를 보존하고 사회적으로 보이고 싶은 자아를 조형하며 자아를 완성한다는 인생 프로젝트(즉, 인생의 사업)에서 이 셋은 한 삼각형의 세 꼭지점에 해당하기 때문이다. 이 사업에서 신상품인 사물은 자아의 확장물이다. 현대인(근대인)은 이 사물을 자기의 자아나 그 일부라고 느낀다. 이러한 나르시시즘이 이상 자아를 향한 전진이라는 일상이 구축되는 기본 방식이다. 오늘날 나르시시즘은 현대인의 일상을 건축하는

"새로운 사회적 정상성"이다(이졸데 카림 2024). 이런 일상의 주인공에게 삶은 자기가 자기에게 들려주는 말, 즉 독백의 색채를 띤다. 또는 현대인은 자기가 아니면 자기의 그림자들만이 존재하는 세계인 **동일자의 지옥**(한병철 2015: 18-19)에서 산다.

      이 신상품 중독, 도파민 중독, 그리고 그 배면에 있는 나르시시즘의 횡횡은 신상품을 출시하지 않으면 안 되는 기업들로서는 반색할 상황이 아닐 수 없다. 따라서 그들의 입장에서 이 지향과 중독은 부정적인 것으로 사고되거나 평가되어서는 절대 안 된다. 그것은 당연시의 영역, 즉 문화의 영역이 되어야만 한다. 다행히 기업(가)들의 희망은 소비자들의 희망과 조화롭다. 광고는 이 조화로움이 구축되고 향유되고 선포되는 중대한 사회적 시공간이다. 광고는 이것이 바로 우리의 문화라고 시청자에 눈에 도장을 쾅, 쾅 찍어준다. 이러한 문화 재생산의 현장에서 젊음은 신상품과 새것이라는 '좋은 것'의 '자연스러운' 상징으로 등장한다. 물론 비근대의 시공간에서도 젊음은 좋은 것이(었)다. 하지만 오늘날의 시공간에서 젊음은 절대적으로 좋은 것이 되었다. 그것은 또한 최첨단기술을 통해서만 실현 가능한 트랜스휴먼 되기라는 인류의 존재 목적, 그 상징이 되었다. 최신형 우주탐사선은 최신의 아이돌 그룹과 같은 얼굴을 하고 있다. 그리고 그것은 모든 이가 추구해야 마땅한 이상적인 얼굴이다. 《대학》에서 말한 지극한 선은 오늘날 동안童顔인데, 동안은 최첨단 제품과 기술의 인격적 대응물이다.

2.

　　　　이러한 시대적 선호 감각은 중고품을 염오하고 중고품 폐기를 당연시하여 결국 쓰레기 생산량 증대를 야기하는 악성 문화와 직결되기에 문제적이다. 쓰레기란 무엇인가? 중고품인 폐품廢品을 사용자가 유기遺棄하면, 그 사물은 물품物品의 지위를 돌연 상실하고 폐기물廢棄物(쓰레기)이 된다. 쓰레기 자체가 문제인 것은 아니다. 쓰레기가 쉽게 생산되게 하는 사회적 분위기, 사회적 선호 감각이 우리의 문제다. "아직도 이런 걸 가지고 있어? 내다 버려"라고 쉽게들 말하지만, 그 쉬운 말보다 무서운 건 따로 있다. 그런 말이 쉽게 나와도 아무렇지도 않게 여겨지는 사회적 분위기, 사회적 선호 감각이 그것이다.

　　　　쓰레기 대량 생산을 가능하게 하는 가장 강력한 힘으로 우리는 쓰레기 신세가 되고 마는 사물의 성격과 운명에 대한 **무관심**을 거론해야 한다. 어떤 사물이 그런 형태로 만들어졌던 사건, 폐기된 후에 그 사물이 경험할 사건에 대한 무관심, 그리고 그 무관심을 당연시하고 용인하는 분위기는 쓰레기 생산이라는 끔찍한 행동을 대량 복제하는 강력한 메커니즘이다. 그리고 제작된 사물들에 대한 무관심은, 그것의 성격과 정체와 운명에 대한 무관심이 떠받치고 있다.

　　　　제작된 생활 기물들의 삶과 운명에 대해 대다수의 당대인이 무관심한 일차적인 이유는, 그것들의 제작 과정에서 그들이 철저히 배제되어 있다는 사실과 관련된다. 소비자로 환원된 다수의 현대인은 제품의 원료가 되는 물질의 성질, 그 성질과 관련 있는 디자인과 공정에 무지해도 무방하다. 이 소외된 자들은 사무실이나 가정에 배치되는 그 제작물을 만나는 순간부터 그 물질의 성질[자연nature], 성향, 기질, 운명을 알 필요가 전혀 없다. "생산자로서의 측면(즉 사물의 자연과 직접 대면하는 측면)을 방대한 기구적 체계"(후지따 쇼오조오 1998: 30)에 빼앗긴 나머지 특정 성질과 성향을 가진 사물과 대면하며 그것과 대화할 기회 자체를 박탈당했기 때문이다. 직접 대면하고 대화할 기회의 차단은 호기심과 관심의 차단을 시사한다. 호기심과 관심의 차단은 공부와 앎의 차단을 시사한다. 사물과 만나 소통하는 **제작 과정에서의 소외**가 문제의 한 진앙지다.

그러나 오늘날 우리가 생활 기물의 삶과 운명에 무관심한 사정에는 더 단순한 이유도 있다. 그러한 부류의 사물이, 우리가 내면화한 존재 위계구조상에서 가장 하층부를 이루는 것으로서 확고히 범주화되어 있기 때문이다. 즉, 그것들은 무시되어도 좋을 부류로, 가장 가치 없는 존재물로 우리의 마음세계에서 이미 고정되어 있다. 쉽게 말해, 그것들은 심지어 생물조차도 아니다(생명도 없다)! 이처럼 **사물의 실재에 대한 오해**, 즉 앎의 빈곤이 사물의 삶과 운명에 대한 무관심의 한 원인이다.

생활 기물은 언제든 내버려도 괜찮다(그것과 인연을 끊어도 괜찮다)는 사회적 분위기, 사회적 선호 감각을 형성하는 또 하나의 요소는 '쓰레기'라는 관념 그 자체다. 쓰레기라는 용어 자체가 이미 이 세상에 불필요한 것, 쓸모없는 것, 가치 없는 것을 함축한다. 이처럼 이 용어는 개념어의 성격을 띤다. '쓰레기'라는 개념이 작동하는 언어의 장 안에 거하며 우리는 이 단어 딱지를 비난, 비방, 혐오, 낙인찍기, 축출이 요청될 때 그 대상에게 붙이곤 한다. 누군가/무언가를 따뜻한 공동체 외부, 즉 차가운 곳으로 퇴출하려고 할 때 우리는 이 단어 딱지를 그 대상에게 붙이기만 하면 된다. 특정 정치인부터 배우, 가수, 유튜버, 회사의 팀원, 학교의 친구, 모임의 동료 멤버 등 이 대상은 다채롭지만, 어느 경우든 단어 사용법은 단순하다. 별다른 고민이 불필요하다. 그 개념 자체가 완벽하기 때문이다.

이 같은 '쓰레기' 개념의 단순무식한 의미작용은 그 쓸모와 아름다움이 소진된 것으로 여겨진 기물(중고품)을 폐기할 때도 곧장 적용된다. 이 의미작용의 역할은 매우 중요한데, 왜냐하면 그것이 있을 때 우리는 해당 물품을 우리의 안온한 정감의 세계 밖으로 축출하면서도 안심할 수 있기 때문이다. "그래, 이건 버려도 돼." 버려진 물건은 우주선 밖의 차가운 우주로 방출되는 물질처럼 차가움이 지배하는 폭력의 세계로 아웃되지만 (즉 우리는 그 물건에 일종의 폭력을 행사하지만), 그래도 괜찮다. 왜냐하면 그건 어디까지나 "쓰레기"이니까.

문제는 이 한 번의 안심이 한 번의 안심으로 끝나지 않는다는 것이다. 한 번 허락된 행위는 계속해서 허락된다. 안심이 사라지기 전까지는.

3.

쓰레기 혐오는 오물 혐오와 같은 것일까? 오물 혐오도 20세기~21세기 특유의 문화 현상이다. 오물 혐오는, 오물이라는 물질이 사실상 발생하기 어려운 '유기적인 문명'에서는 상상하기 어렵다. '유기적인 문명'이란 자연계로 단기간에 재흡수되지 않은 물질이 생산되거나 사용되는 일이 거의 일어나지 않는 문명을 말한다. 이런 세계에서는 사실상 오물은 존재할 수조차 없다. 배설물과 사체와 제작물 일체가 지구의 생태적 자정 작용 궤도에 재흡수되거나 지구의 물질 순환 궤도에 올라갈 것이므로. 이런 유기적 질서의 세계에서 더러운 것, 오염된 것은 없다. 그렇다는 건 당대의 오물 혐오 문화가 우리의 비유기적 문명의 필수적 부산물임을 시사한다.

권정생의 오물 사유는 (자신의) 유기적 문명 경험에 대한 회고로 보인다. 유대칠은 《대한민국철학사》에서 권정생을 철학자의 반열에 올리고 있다. 유대칠의 분석에서도 금세 확인할 수 있지만, 권정생이 자신의 문학작품으로 전하는 철학적 메시지가 오물에 관한 것에 국한되는 것은 아니다. 사실 권정생의 문학세계에서 중요하게 부각되는 하나의 철학적 테마는 오물이라기보다는 '못난이'라고 할 수 있다. 그러나 그의 못난이 사유는 오물 사유와 이어져 있다.

  왜 권정생은 못난이에 주목했을까? '못난이'라는 단어를 이루는 핵심 기호인 '못나다'의 일차적 의미는 생김새가 예쁘지 않거나 좋지 않다는 것이다. 세상에 '났는데, 못났다'는 관념이 이 단어의 핵이다. 권정생은 이런 의미의 '못난이', 나아가 오늘날 불구, 장애라는 범주에 묶이는 것들에 주목한다. 이 못난이들의 특징은 쓰레기처럼, 사회의 담장 밖으로 축출되거나 축출의 경계선까지 내몰려 주변화된다는 것이다. 권정생의 동화 〈똬리골댁 할머니〉의 주인공 똬리골댁 할머니(난쟁이에 가까운 키, 탱자처럼 생긴 코, 코찡찡이 같은 목소리)가 이 범주에 들어가고, 〈빼떼기〉의 주인공인 빼떼기(불에 덴 이후 빼딱빼딱 걷게 되는 병아리)도 같은 신세다(권정생 2013). 이들은, 쓰레기나 오물처럼, 공동체의 생활세계 바깥으로 내치는(내버리는) 게 당연한 존재들이다. 쓰레기나 오물처럼 이들 역시 쓸모없고, 능력 없고, 가치 없고, 보기 싫은 깃의 범주에 묶인다. 권정생의 관심은 바로 이 범주화의 기계를 멈춰 세우는 일에 가 있다.

  권정생이 〈강아지똥〉에서 주인공으로 만든 똥이라는 오물도 이 못난이-주변자의 한 종species이다. 〈강아지똥〉은 권정생의 '못난이 작품' 가운데 별종에 속하는데, 두 가지 이유에서다. 우선, '개똥'이라고 불리는, 한국에서 줄곧 가장 천시되었던 존재물을 발화하고 생각하고 울고 웃는 인격적 주체로 만들었기 때문이다. 만물을 인격적 주체로 보는 생령론[물활론]animism 의 세계관에 수천 년간 젖어 있던 조선 반도의 민간 정서를 생각해보면, 똥의 인격화를 특별한 것으로 볼 수 없을지도 모른다. 그러나 조선의 민간사회에서 인격화되었던 것은 대체로 돌, 바위, 바람, 물, 생물 같은 것들이지 똥같이 냄새나고 더러운 것은 아니었다.

〈강아지똥〉이 특별한 또 하나의 이유는, 태어나자마자 제 존재 가치에 관해 신세 한탄을 하게 되는 이 못난이가 이야기의 후미에서 자신이 실은 못난이가 아님을 깨닫게 된다는 놀라운 서사 때문이다. 강아지똥은 자기가 한낱 못난이가 아니라 민들레의 살이 되고 꽃이 될 존재임을 알게 됨으로써 괴로움에서 해방된다. 이처럼 우리의 못난이 주인공이 실은 못난이가 아니었다는 진리가, 나중에야 공개된다. 이것은 문제 설정의 오류를 뜻한다. 문제는 처음부터 잘못 설정되었다. 따라서 처음부터 문제라고 할 만한 것은 있지도 않았다. 즉, 오물이라고 생각되었던 것은 처음부터 오물이 아니었다. 그것은 잘못 명명되었고, 잘못 딱지 붙임(라베링labeling)을 당했다. 그러니까 권정생은 우리에게 이렇게 강력한 목소리로 호소하고 있는 것이다—못난이도 오물도 **처음부터 없었다**. 그대들은 이것을 깊이 생각해보라. 그들을 오물이라고, 못난이라고 함부로 규정하고 명명할 때 우리는 어떤 인간이 되는 것일까?

장자의 못난이 담론은 권정생의 못난이 담론과 공명

한다. 장자는 세상에서 쓸모없는 것이라 분류되어 무시되는 사물에 주목한다. 아무짝에도 쓸모가 없어서 (누구도 목재로 쓰지 않아서) 지나치게 커버린 나무들이 그런 사물이다. 그런데 인간의 무리에도 그런 나무들처럼 아무짝에도 쓸모없을 것처럼 몸이 온전치 못하다고 인식되는 사람이 있다. 세간에서는 이런 사람을 흔히 '불구'라고 부른다. 장자가 만들어낸 가상의 인물인 지리소, 왕태, 신도가, 숙산무지, 애태타가 바로 이 불구의 부류에 속한다.

지리소는 일종의 꼽추다. "턱이 배꼽에 묻혀 있고, 어깨가 정수리보다 높고, 내장이 위로 올라간" 사람이다. 장자는 지리소를 예찬한다. 국가의 징집이나 노역 동원에 면제를 받는 것은 기본이고, 국가가 병자를 구제할 때는 혜택을 받고, 바느질이나 빨래나 키질로 열 식구 먹을 것을 벌었다는 것이다(《장자》,「인간세」). 그러니까 꼽추라는 외모는 지리소의 실상이 아니라 허상일 뿐이라는 것이다.

왕태, 신도가, 숙산무지는 올자인데, 올자란 발꿈치를 베는 형벌을 받은 사람이다. 즉, 올자란 사회적 형벌을 받아 절뚝거리며 걷는 사람이다. 인상적인 것은, 올자인 왕태와 신도가와 숙산무지가 자신들의 몸 상태에 전혀 연연하지 않는다는 점이다. 상식적 기대와는 정반대로, 왕태는 "천지를 다스리고, 만물을 감싸안고, 육체를 일시적인 처소로 생각하고, 귀와 눈을 허망한 것으로 여기는" 사람이다. 신도가는 "어찌할 수 없음을 깨닫고, 편안히 운명으로 받아들이는 것은 오직 덕 있는 자만이 할 수 있다"고 말하는 사람이며, 숙산무지는 "발보다 더 귀중한 것을 온전히 지키려는" 사람이다(《장자》,「덕충부」).

추남인 애태타는 한결 더 불가사의한 인물이다. 애태타는 그 외모가 몹시 추하여(그는 곱사등이, 꼽추일 것이다) 세상을 놀라게 할 정도다. 하지만 그와 가까이 지내면, 누구나 그에게 반하게 된다. 공자는 애태타에 대해 "재능이 온전하면서도 덕을 드러내지 않는 사람"이라고 말한다. "밤낮으로 틈이 나지 않게 하고, 만물과 더불어 봄을 맞는" 사람인가 하면, 조화를 이루어 덕을 이룬 자임에도 그 덕을 밖으로 드러내지 않아서 만물이 그 곁을 떠나지 않는 자라는 것이다(《장자》,「덕충부」).

장자는 무엇을 말하고 싶은 것일까? 장자는 어떤 사람의 불구됨, 장애인됨, 못난이라는 겉모습은 그 사람 자체를 이해하는 데 유용한 표지가 될 수 없다고 말한다. 범박한 시각과 앎 같은 판단 근거 자체가 극복의 대상이기 때문이다. 아니, 장자는 시각에 근거한 앎, 인식, 판단에 딴지를 건다. 그러면서 시각의 지배를 극복하고 아상의 덫에서 해방된 자유인의 초상을 제시한다. 핵심은, 이 자유인이 **자연의 흐름을 따르고 만물과 (삶을) 함께하는 인간**이라는 점이다. 또는 **한 사물처럼 되는** 인간이다. 수용과 조응, 관심과 배려가 존재양식이 된 인간. 그러면서도 그 인간은 자신이 그런 인간이라는 것을 드러내지 않는다.

이 자유인의 초상이 우리에게 놀라운 것은, 그것이 바

로 오늘날 우리의 비자유(속박) 상태를 비추어주기 때문이다. 오늘날 우리는, 왕태나 애태타와는 정반대로, 시각에 휘둘리고 아상에 갇힌 채 만물과 함께하기는커녕 만물을 괴롭히는 삶을 살고 있지 않던가. 우리 중 대다수는 왕태, 애태타와는 정반대 유형의 인간이다. 시각에 근거한 좁은 앎에 속박된 채 신상품, 성형, 안티에이징에는 매혹되는 반면, 중고품, 늙음, 장애, 추는 한사코 멀리하려 한다. 소비주의의 늪에 갇힌 채 상품-기술 가속주의의 페달을 함께 밟고 있다. 왕태, 애태타와는 달리 우리에게는 **사물 되기**가 아니라 **인간 되기**가 삶의 목적이 되어 있기 때문이다. **사물 아닌 인간**이라는 잘못된(근대적) 인간상을 추구하기 때문이다. 인류세는 그런 우리의 공동창작품이다.

    권정생과 장자의 못난이 담론은 우리 시대의 처방이다. 권정생은 못난이, 불구, 장애, 오물이라고 낙인찍힌 것들이 무가치한 존재들이라는 판단에 맞서 싸운다. 가치 있는 것에도 위계가 있다는 상식에 저항한다. 못난이, 오물이라며 우리가 우리의 세계 바깥으로 축출해온 것이 실은 못낫이도 오물도 아니라고 선언한다. 장자는 우주의 만물과 함께하는 못난이를 보여주며 질곡(차꼬와 수갑)이 도리어 해방의 열쇠가 될 수 있음을 알려준다. 해방된 자의 모습은, 자기가 없는 자이고 사물이 된 자이며 만물과 함께하는 자임을 깨우쳐준다. 사물 아닌 인간, 완전한 인간이 되려 하는 것이 오히려 문제이고, 자기가 하나의 불완전한 사물임을 알아채는 것이 지름길임을 알려준다.

오늘날 함부로 기물을 폐기하는 소비주의적 행태의 지반에는 고장 난 것, 불편한 것, 장애 상태를 거부하고 단죄하려는 충동, 그리하여 생활세계에서 축출하려는 충동이 자리 잡고 있다. 이것은 하나의 기저 감정이자 욕망이지만, 그 아래에는 그릇된 이상 자아, 좋은 것에 대한 뒤틀린 감각(선호 감각)과 태도, 엉뚱하고 빈곤한 사물 이해가 작용하고 있다. 고장 난 것, 불편한 것을 싫어하고 멀리하려는 충동과 욕망은 자연스러운 것이라는 항변이 귀에 들린다. 그런 것을 쓰레기 배출 가속화의 궁극적 원인이라고 말하기는 어렵다는 주장도 가능할 것이다. 그러나 고장 난 것과 불편한 것을 다른 것들(노쇠, 질병, 장애, 못난이, 쓰레기, 오물 등)과 한 세트로 묶어 거부와 혐오의 대상으로 삼는 오늘의 행태는 폐기물 생산 증대를 일으키는 악성 문화의 한 진앙지다.

4.

오해 마시길. 어떤 물건이 더는 쓸모없는 것으로 느껴질 때 그 물건을 집 밖으로 내놓아야겠다는 생각 자체가 그릇되었다는 말은 아니다. 그런 생각은 충분히 상식적인 생각이다.

그러나 각 가정과 건물의 바깥으로 폐기된 그 물건들을 그대로 떠안은 지구의 흡수 능력과 자정 능력은, 불행히도, 무한한 것이 아니다.

　　　　현 사태의 원인으로 생활 기물(또는 사물)의 실재(성향, 삶, 운명)에 대한 무관심, 사물의 실재에 대한 오해, 쓰레기라는 혐오 관념의 투사, 불구·장애·오물 혐오 정서(충동과 욕망)를 거론했지만 사실 더 근본적인 문제는 따로 있다. 그것은 일정 선을 초과한 욕망, 즉 과욕 또는 탐욕이다.

　　　　탐욕이라는 개념은 윤리적 직관, 윤리적 선호 감각에 호소하는 개념이다. 이것은, 무엇이 탐욕이고 어디까지가 허용되어도 좋은 욕망인지를 가늠할 객관적이고 논리적인 잣대가 우리에게는 없다는 말이다. 그 잣대는 언제나 없었는데, 그것을 마련하는 것 자체가 애초에 불가능하기 때문이다. 즉, 여기까지는 괜찮고 여기서부터는 탐욕이라는 합의 가능한 수량적 경계선을 만들어내기란 애초에 불가능하다. 예컨대 국내선 항공기는 1년에 1회만, 국제선 항공기는 3년에 1회만 탑승하도록 1인당 항공기 이용 횟수를 제한하는 일국 정부나 국제 정부(이런 게 만들어진다면)의 규제 조치가 현실에서 가능할까? 물론 그 조치의 근거는 온실가스 감축의 당위일 것이다. 이 경우 우리 가운데 많은 이가 그 조치에 반발할 가능성이 크다. 온실가스 감축의 경로는 다양하기 때문이기도 하고, 개인의 자유를 통제하는 전체주의적 발상이기 때문이기도 하다. 사실, 누구에게나 적용 가능한 탐욕/비탐욕의 경계선을 긋고 그것을 법과 규정으로 만들겠다는 발상 자체가 전체주의적이다.

하지만 국내선이든 국제선이든 가급적 항공기는 타지 않는 게 좋다거나, 단거리 여행이라면 항공기보다는 다른 교통수단을 이용하는 것이 바람직하고, 장거리 비행은 중요한 공무 수행의 경우에만 허용되는 게 좋겠다는 사회적 분위기가 형성된다면, 이야기는 다르다. 만일 그런 선호 감각이 어느 한 사회의 압도적인 윤리적, 미적 선호 감각이라면 말이다. 이 경우, 항공기 이용과 그 욕망에 관한 모종의 사회적 공통감각(이것을 상식이라고 부른다.)이 형성된 것이라 볼 수 있다.

이처럼 '무엇이 허용될 수 있느냐'는 사안은 얼마든지 사회적으로 합의될 수 있는 사안이지만, 그 합의는 어디까지나 사회구성원의 마음이 상통해야만 가능하다. 따라서 우리에게 중요한 과제는 마음의 상통이고 압도적인 사회적 분위기, 선호 감각의 생산이다. 우리에게는 새로운 삶의 규범을 스스로 만들어 내야 한다는 과제가 주어져 있다.

쓰레기에 대한 이해는 이 과제의 수행에 직결된다. 왜냐하면 쓰레기는 욕망의 부산물이기 때문이다. 오늘날 지구 곳곳에 과투하되고 있는 쓰레기는 인간 탐욕의 생산물이지 다른 것이 아니다. 즉, 쓰레기의 발원지는 공장의 컨베이어 벨트나 제품 디자인을 설계하는 사무실이기 이전에 **인간 신체의 욕망**이다. 쓰레기라고 명명되게 되는 그 사물은 그 전에 그것을 사용했던 인간의 욕망 소진이나 변경의 결과물이다. "쓰레기는 소비된, 변경된 (…) 욕망의 표현"(브라이언 딜 2017: 18)이다. 애초에 욕망(수요)이 없었다면 제작(생산)도 없었고, 제작이 없었다면 쓰레기도 없었다.

그러나 그 욕망이 충족을 위해 가장 먼저 제 손을 뻗는 곳은 광물의 매장지이거나 물이거나 비인간 생물의 몸이라는 점을 잊지 말아야 한다. 쓰레기는 다 써버린, **변질된 인간 욕망의 표현**인 것만큼이나 **지구 곁숨(동료 물질)의 변형물**이다. 쓰레기는 인간이 제 욕망에 휘둘려 먹고 버린 지구 곁숨(동료 물질)의 **사체**에 다름 아니다. 인류세의 쓰레기는 인간(인간 욕망)의 배설물이지만, 그 대다수는 똥오줌과는 달리 비유기적인 형태로 변형된 물질들이어서 지구 어딘가에, 누군가의 신체에 해를 가하는 식으로 흔적을 남긴다.

그러니 관심과 논의의 대상이 되어야 하는 것은 먹고 버리기를 반복하며 가해 행위를 지속하면서도 그 결과물인 쓰레기에 대해서는 언제까지나 무심[무관심]의 평정심을 유지하고자 하는 인간의 욕망(또는 인간의 마음)이지 쓰레기 처리 기술이 아니다. 쓰레기 문제는 인간이라는 존재물 자체에 관한 문제이지 소비 문제가 아니다. 쓰레기라는 주제는 소비나 자원순환 기술을 다루는 학문이 아니라 철학과 심리학과 사회학이 먼저 취급해야 한다. 쓰레기로 퇴화한 물질은 그렇게 퇴화하기 전에는 인간의 강렬한 욕망이 들러붙어 있던 물질이고, 그런 점에서 **쭈글쭈글해진 욕망 형태, 제품-사물의 후기 형태**라고 할 수 있다. 오늘날 이 후기-사물들은 보이지 않는 행태로 자신을 변형하여 지구를 유랑하고 있다. 물이나 대기 같은 지구의 유동체에 습합된 채로. 그런 점에서 쓰레기야말로 **이 시대의 귀신**이다.

만일 이 물질의 귀신스러움이 우리에게 알려지지 않았다면 어땠을까? 아마도 우리는 우리 자신의 욕망도, 그 욕망의 변형물인 제작물, 그 제작물의 원료인 지구의 여러 물질도 직시하지 못했을 것이다. 지구 곳곳을, 여러 신체들을 유랑하는 이 물질 덕분에 우리는 우리 자신이 어떤 존재인지를, 사물을 어떻게 대하는 것이 바람직할지를 비로소 진지하게 생각해볼 수 있게 되었다. "쓰레기를 논하는 것은 이제까지 존재해왔거나 앞으로 존재하게 될 다른 모든 사물을 논하는 것"(브라이언 딜 2017: 18)이라는 깨달음도, 쓰레기라는 물질의 존재 덕분에 비로소 가능하다. 오늘날 쓰레기라고 불리는 이 귀신은 우리를 깨어나게 하는 힘의 원천이다.

5.

쓰레기 문제와 관련해 즉각 숙고의 대상이 되어야 마땅한 사물이 있다. **중고품**이라고 불리는 것이다. 시간의 때가 묻은 것, 사용감 많은 것, 오래 쓴 것, 낡은 것, 신상품에게 밀려난 것, 이제는 버려야 하나 싶은 것. 그러니까 중고품은 낀 물건이다. 중고품은 제품-사물의 전기 형태와 후기 형태 사이에 끼어 있다.

중고품은 **중고물**인 우리와 같은 처지에 놓인 **딱한 사물**이다. 신상품은 중고품이 됨으로써 우리와 동류가 된다. 그들은 당분간 우리와 같은 처지다. 폐기되어 쓰레기가 되기 전까지는.

우주가 만들어낸 사물은 시간이 지나면 전부 중고물이 된다. 그 운명을 슬퍼하는 편이 좋을까, 환영하는 편이 좋을까? 나는 이 사태가 환영할 만한 사태라고 생각한다. 그 운명이야말로 중고물이 되어가는 과정인 모든 존재물이 서로 연민하고 연대할 근거가 되기 때문이다. '동병상련同病相憐'이라는 말은, 같은 병을 앓는 이끼리 서로 연민한다는 말이다. 그것이 제품이든 인간이든 꾀꼬리든, 우주가 빚어낸 사물은 모두 중고물이 되어간다는 같은 병을 앓는, 가련한 존재들이다. 만일 우리가 이렇게 생각할 수 있다면, 중고물인 한 형태인 중고품을 연민의 눈길로 바라보는 것은 우리에게 얼마든지 가능한 일이다.

하지만 중고물은 정말로 연민의 대상이 될 만한 것일까? 중고물이 되는 운명은 정말로 환영할 만한 것일까?

와비사비 철학은 바로 이 질문에 대한 지혜 넘치는 답변이다. '와비侘び'라는 단어는 8세기 일본 문학에서 "외롭다, 괴롭다, 초라하다" 등을 뜻했다. 그러던 것이 12세기 이후부터 탈속한 승려의 마음 상태를 함축하게 된다(정동주 2004: 202). 야생에서 홀로 사는 선불교 수행자가 느끼는 고독감, 이를테면

숲속에서 홀로 있을 때 느끼는 느낌을 뜻했다는 것이다. 그러나 그 느낌은 혼자 있어 외로운 이의 감각이 아니라 세속을 초탈한 풍류인의 감각이다. 나는 이런 종류의 지복의 고독감을 '**소연**瀟然**함**'이라 표현한 적이 있다(우석영 2020; 우석영·소병철 2020). 그러나 이런 의미의 함축은 훗날 변형되었고, 오늘날 와비는 마음의 고요함, 소박한 단순함, **아름다운 불완전함**을 뜻하게 되었다.

'**사비**寂び' 역시 처음의 뜻과 오늘날의 뜻이 다르다. 처음에 이 단어는 "쭈글쭈글해진 것, 시든 것, 손상된 것, 썩은 것"을 뜻했다. 오늘날에는 긍정적인 색깔이 여기에 덧붙여져서, 나이가 들어 또는 **무르익어 비로소 가능해지는 아름다움과 고요함**을 뜻한다.

와비와 사비는 짝을 이루어 하나의 의미장을 만들어낸다. 그 의미장의 핵심적 뜻은, 이 세계의 만물은 불완전하고 일시적(불-영속적, 필멸)이며, 그 성격 그대로 아름답다는 것이다(Nobuo Suzuki 2023: 32-33).

와비와 사비가 지녔던 옛 뜻을 일부 살려내, 와비사비의 의미장을 재구성해보면 이렇게 된다—그것은 손상된 상태이고, 불완전하며, 필멸할 고독한 운명이지만 바로 그 상태 그대로 아름답고 가치 있다. 나는 홀로이다, 나는 주목받지 못하는 신세다, 나는 늙었고(낡았고) 그 일부가 망가졌다, 나는 시들었고 그리하여 누군가에게 추레한 느낌을 주기 쉽다, 하지만 이 상태 그대로도 나는 충분히 아름답고 가치 있다.

　　　　이것은 우주에서 필멸로 나아가는, 연민할 만한 존재로서의 우리 자신과 우리의 동료 존재물인 **모든 중고물의 자기 가치 선언**이다. 와비사비의 철학을 수용한 자는 그 자체가 중고물들인 만물을 있는 그대로 수용하게 된다. 그리하여 중고물들로 가득한 이 세계를 있는 그대로 수긍하게 된다.

　　　　우주의 모든 사물은 중고물 되어가기라는 운동들이다. 우주의 모든 사물은 중고물이 되어가는 순간들의 연속 운동이고, 이 운동이 실행되는 매 순간이 가치 있다. 성주괴공의 운동 전체가, 매 순간의 운동이 가치 있다.

　　　　만물에 대한 이러한 시각은, 우리 자신의 늙음에 대한 우리의 태도를 바꾼다. 이런 시각을 품을 때, 늙음은 자연스러운 것, 수용할 만한 것이 된다. 마찬가지로 이런 시각을 내면화한 인간에게 중고품은 중고물 되기라는 너무도 당연한 여정에 있는 평범한 사물, 보통의 사물, 지구적 동료 사물일 뿐이다. 그에게 중고품은 자기와 같은 운명의 길에 놓인, 일상의 사건이지 일상의 친구에 다름 아니다. 그에게 중고품은 가까이 있는 지구 곁숨이다. 아니, 그 이상일 것이다. 그 물질은 인연이 있는 것이기 때문이다. 그에게 그 물질은 지금의 소중한 삶을 우연히 함께 나누게 된, 우주가 안내한 여로에서 우연히 만나게 된, 그런 만큼 귀한 인연이다. 중고품의 자동적 폐기, 쉽게 내침이라는 사건은 그의 삶에서 상상 가능하지 않다.

6.

　　중고품은 그것이 중고물인 이상 우주의 보편 물질 대접을 충분히 받아야 마땅하다. 달리 말해, 우리는 중고품에 대하여 우주의 보편 물질에 걸맞는 대우를 할 의무가 있다. 물론, 이 의무가 법적인 의무인 것은 아니다. 이 의무는, 그것을 이행할 것인가 말 것인가의 판단이 전적으로 개인의 자유에 달려 있는 도덕적 의무일 뿐이다. 길가에서 만난 어떤 어린이가 울고 있을 때 그 어린이를 도울 것인지 말 것인지에 대한 판단이 전적으로 내 자유에 달려 있는 것처럼, 고장 난 제품을 폐기할 것인지 고쳐 쓸 것인지에 대한 판단 역시 전적으로 내 자유에 달려 있다. 그러나 만일 우리가 중고물인 우리 신세와 중고품이 된 그 제품의 신세를 동류의 것으로 볼 수 있다면, 그것을 우주의 여러 중고물을 볼 때마다 자연스럽게 가지게 되는 마음인 연민의 심정으로 바라볼 수 있다면 그때 중고품 처리에 관한 사안은 도덕적 판단 대상조차도 되기 어렵다. 어떤 것이 소중해질 때, 그것에 관한 우리의 행동은 판단을 요하지 않기 때문이다. 아플 때 병원을 찾는 선택은 어떤 판단의 결과가 아니다. 마찬가지로 어떤 소중한 중고품이 고장 났을 때 수리점부터 찾는 것은 어떤 판단의 결과가 될 수 없다.

　　'수리修理'라는 단어는 경이롭다. 이 단어는 수리에 관한 모든 철학을 이미 뛰어넘어 있다. '수修'는 "행실을 관리하고 훈련함", "학문이나 기예를 배우고 익힘", "실력을 기르고 낫게 함"과 관련된다. 즉, '수修'는 현재의 상태를 낫게 함, **향상함**을 함축한다. '리理'에는 여러 가지 뜻이 있으나 '수리'에서는 사물을 **우주의 이치에 맞게 바르게 조정함**, 손질함을 함축한다.

　　　　과거에 이 단어의 의미가 오늘날의 그것과 같았는지는 확실하지 않다. 어쨌든 오늘날 수리의 대상물은 대단히 한정적이다. 오늘날 수리라는 단어의 의미는 인간에게 유용하지만 고장 난 사물을 그것이 잘 기능하도록 고침, 고장 난 상태를 낫게 함 정도이기 때문이다. 오늘날 수리는 기물의 기능 복원 이상의 의미를 뜻하지 않는다. 즉, 오늘날 '수리'라는 단어에서 본래 리理가 거느렸던 함축, 즉 우주의 이치에 맞게 바르게 조정한다는 의미는 거의 남아 있지 않아 보인다. 그러나 본래 '수修'가 수반했던 향상이라는 의미는 어느 정도는 잔존해 있다.

　　　　이처럼 단어의 뜻을 음미해볼 때 '수리修理'는 손상된 부분을 고쳐 원래 기능으로 되돌아오게 한다는 뜻인 '리페어 repair'와 동일한 개념이라고 보기는 어렵다. 수리는 '수修'의 향상 개념으로 인해 리페어 repair에서 한 걸음 더 나간 개념인 **업페어 uppair**를 의미한다고 보는 게 합당하다.

　　　　'수리修理'라는 단어를 이루는 각 단어의 풍부한 의미 장은 오늘날 거의 망실되다시피 했다. 예컨대 오늘날 평범한 구두 수리공이라면, 구두를 수선할 때 우주의 이치에 맞게 그 구두를 바로 잡고 있다고는 생각하지 않을 것이다. 아마도 그는 자기의 노동을, 구두의 망가진 기능을 복원하는 정도의 노동이라고 여기기 쉬울 것이다.

반대로 제 수리 노동의 가치를 '수리修理'의 원래 의미 수준 또는 '업페어uppair' 수준으로 생각하는 구두 수리공이 있다고 상상해보자. 이런 생각이나 마음새로 구두를 수리할 때, 그 구두라는 사물은, 적어도 그의 생각에는 그의 손을 거쳐 그 전보다 훨씬 더 나은 상태가 된다. 그리고 그의 노동은, 적어도 그에게는 우주의 이치에 맞게 사물의 상태를 바로 잡는 행위로 여겨질 수 있다.

사실 이것은 같은 노동에 대한 해석의 사안일 뿐이다. 그러나 이 해석은 오늘날 중요하다. 왜 구두 수리가 우주의 이치에 맞게 사물의 상태를 바르게 조정하는 행위로 해석되어야 좋을까? 자신의 노동을 리페어가 아니라 업페어로 여기는 사람이 구두를 수리해 그 결과 수리하기 전보다 나은 구두가 탄생할 때, **우주적 차원의 이로움**이 세 가지 발생하기 때문이다.

첫째, 수리를 맡긴 이가 누릴 이로움이 첫 번째의 우주적 차원의 이로움이다. 이렇게 말할 수 있는 것은 지금 우리가 폐기물(쓰레기-오염물) 범람 시대를 살아가고 있기 때문이다. 폐기물 더미에 자기 구두를 추가하지 않았다는 이유만으로도 폐기 대신 수리(수리 의뢰)를 선택한 구두 사용자는 박수를 받아야 마땅한데, 교란되는 지구적 질서를 심화시키지 않는 데 일정하게 기여했기 때문이다. 자칫하면 질서 교란 행위자가 되었을 수도 있었을 가능성에서 그는 자유로워졌고, 이 자유로움은 그 자체가 지구적이고 우주적인 차원의 기여가 된다.

둘째, 수선 대상인 구두도 같은 자유로움을 향유한다. 폐기물의 신체가 되어 다른 지구의 결숨들에게 해를 가하는 데 일조하게 될 운명(악업)을 피했으니 구두(정확히는 구두를 이루는 물질들)로서도 일종의 자유를 향유한다. 물론 해당 구두가 누리는 이 자유는 '불상해[비폭력]ahimsa'라는 지구적·우주적 차원의 이로움이기도 하다.

셋째, 해당 구두가 폐기물 신세가 되어 불타거나 (그리하여 대기를 떠돌거나) 바다를 떠돌 때, 그 상황에서 직간접적으로 피해를 볼 특정한 지구 결숨들의 입장에서도 구두 업페어 사건은 자기 존속이라는 이로움과 직결되는 사건이다. 이 또한 지구적이고 우주적인 차원의 이로움이 아니면 무엇이겠는가.

7.

우주는 중고물로 가득하다. 합성 과정을 거쳐 광물, 지질층, 행성(별), 박테리아나 균류나 식물, 동물 같은 신체를 형성한 존재물이라면, 신체 형성 후 어느 시기가 지나 하나같이 중고물 되기의 여정에 들어서기 때문이다. 인간 역시 같은 운명을 피해갈 수 없다. 사실, 인생의 대부분을 차지하는 시간은 (성장기 이후의 시간인) 중고물 되기라는 시간이다.

심지어 갓난아기조차 중고물스러운 성격을 지닌다. 그 아기는 우주가 만들어낸 새로운 물질이고 그런 의미에서 우주의 새로운 얼굴에 속하지만, 그 아기의 신체를 구성하는 물질은 과거에 생성된 것들이기 때문이다. 갓난아기라는 새로운 물질의 원료는 우주를 오랫동안 유랑하던 물질, 즉 중고물이다.

인간은 불완전함에 친해지는 게 좋은 동물이다. 누구나 인간은 자기 완결적이지 않은 신체 상태에서 태어나고, 그 상태를 죽을 때까지 벗어나지 못할 운명이기 때문이다. 인체라는 운동 과정을 내적 힘으로 지속하는 것이 처음부터 불가능했고 언제나 불가능하다는 실존의 기본 조건 자체가 충분히 음미되어야 한다. 이런 조건에서만 살 수 있는 인간에게 삶이란 언제나 약탈, 의존, 공생이다. 어느 개인이 생존하기 위해서는 태양과 산소와 탄소, 물, 광합성하는 식물이 반드시 필요하지만, 그것만은 아니다. 지구의 자기장도 필요하고, 지구의 오존층과 온실가스층도 필요하다. 아니, 지구 전체가 필요하다. 인간의 가장 기본적 존재 특성은 엄청난 수준의 외부 의존성, 지구 기숙성, 또는 취약성이다. 그런 의미에서 우리 인간은 선천적으로 다 갖추고 있지 못한 면모, 즉 불구적인 면모를 품고 있다.

그러므로 신품성, 완전성, 완벽성, 구족성(다 갖추고 있음, 불구가 아님), 자족성, 무오류성, 독립성은 인간적인 특성이 아니다. 그 정반대물, 즉 중고물스러움, 불완전함, 완벽하지 않음, 불구적임, 취약함, 다치거나 실수하기 쉬움, 의존성이야말로 인간의 특성이다. (물론 이것은 인간만의 특성이 아니다. 이것은 해파리나 두더지의 특성이기도 하고 물범이나 지렁이의 특성이기도 하다.)

그러니 완전함, 완벽함, 무결점, 영원한 젊음, 99세까지 88하게 사는 삶을 목표로 둔 사람의 노력에는, 어딘가 부자연스럽고 멋쩍은(멋이 적은) 면모가 있다. 중고품을 못 견뎌 하고 무조건 최신 제품으로 갈아치워야 마음이 흡족한 소비주의적 유형의 사람에게서는 무언가 폭력적이고 사나운 냄새가 난다. 이 모든 인위적 행동의 주인공, 트랜스휴먼 되기를 수행하는 사람에게는 가여우면서도 역겨운 면모가 있다. 그의 리비도는 그것 이상의 목적에 의해 규제되거나 인도되지 않는, 그리하여 허망한, 좁은 의미의 자기 향상에만 투입되고 만다. 자기에 대한 신경 쓰기, 관심이 곧 도시에 대한 신경 쓰기, 관심이 되는 세계(이졸데 카림 2024: 240)로 올라오지 못하기 때문이다. 그런 사람에서 우리는 (그 자신을 포함하여) 누군가/무언가의 결점이니 실수, 고장, 장애, 늙음이나 낡음, 불완전한 모습을 개의치 않는 사람의 여유와, 그 여유가 빚어내는 기품과 아름다움을 찾아보기는 어려울 것이다. 장자가 묘사한, 몸과 앎을 여읜 자유인의 기품과 덕 역시 찾아보기는 어려울 것이다. 또한 우리는 그런 사람에게서 찾아보기 어려울 것이다, 누군가/무언가를 밖으로 내치기보다는 보듬고, 돌보고, 구조하고, 수리하며 살아가는 삶의 즐거움을. 그러니까 살아감이 곧 자기 수용과 자기 해방이 되는 시간의 즐거움을.

그러나 그런 사람, 즉 좁은 의미의 자기 향상이라는 이상에 갇히고 만 그는 누구일까? 근대의 조각품인 그의 소멸 그리고 새로운 인간의 탄생[18]과 더불어서만, 오직 그것과 더불어서만 시대적 위기의 극복은 가능할 것이다.

참고문헌

권정생, 서진선 그림, 《별똥별》, 창비, 2013.

_____, 《우리들의 하느님》, 녹색평론사, 개정증보판, 2008.

김상욱, 《하늘과 바람과 별과 인간》, 바다출판사, 2023.

김열규, 《이젠 없는 것들 1》, 문학과지성사, 2013.

김원우, 《운미회상록 1》, 글항아리, 2017.

라명재 역주, 《해월신사법설》, 모시는사람들, 2021.

박맹수, 《생명의 눈으로 본 동학》, 모시는사람들, 2015.

신성대, 《산책의 힘》, 동문선, 2018.

우석영, 《숲의 즐거움》, 에이도스, 2020.

우석영·소병철, 《걸으면 해결된다 Solvitur Ambulando》, 산현재, 2020.

이진경·최유미, 《지구의 철학》, 그린비, 2024.

장왕식, 「생태문명을 지향하여: 화이트헤드적 관점에서」, 환경철학, Vol 28, 2019.

정동주, 《한국인과 차: 그 사색의 열린 공간》, 다른세상, 2004.

정세근, 《마음의 탄생: 동양의 정신과 심론》, 글항아리, 2023.

한정훈, 《물질의 물리학》, 김영사, 2020.

게리 스나이더, 이상화 옮김, 《지구, 우주의 한 마을》, 창비, 2005.

귄터 그라스, 김재혁 옮김, 《넙치 2》, 민음사, 2002.

다이앤 엔스, 박아람 옮김,《외로움의 책》, 책사람집, 2025.

디르크 브로크만, 강민경 옮김,《자연은 협력한다》, 알레, 2022.

라르스 스벤젠, 이세진 옮김,《외로움의 철학》, 청미, 2019.

로버트 M 헤이즌, 김미선 옮김,《지구 이야기》, 뿌리와이파리, 2014.

린 마굴리스·도리언 세이건, 홍욱희 옮김,《마이크로코스모스》, 김영사, 2011.

마크 헤이머, 황재준 옮김,《봄비와 정원사》, 산현글방, 2024.

브라이언 딜, 한유주 옮김,《쓰레기》, 플레이타임, 2017.

브뤼노 라투르, 홍철기 옮김,《우리는 결코 근대인이었던 적이 없었다》, 갈무리, 2009.
　　　　　　박범순 옮김,《지구와 충돌하지 않고 착륙하는 방법》, 이음, 2021.

아니나 뢰위네, 홍우진 옮김,《원소들의 놀라운 이야기》, 브론스테인, 2023.

앤드루 H. 놀, 이한음 옮김,《지구의 짧은 역사》, 다산사이언스, 2021.

이나가키 히데히로, 박유미 옮김,《패자의 생명사》, 더숲, 2022.

이와나미 요조, 권영명 감수,《광합성의 세계》, 아카데미서적, 2010.

이졸데 카림, 신동화 옮김,《나르시시즘의 고통》, 민음사, 2024.

장자, 오강남 풀이,《장자》, 현암사, 1999.

제러미 리프킨, 안진환 옮김,《플래닛 아쿠아》, 민음사, 2024.

줄리아 애드니 토머스 외, 박범순·김용진 옮김, 《인류세 책》, 이음, 2024.

칼 폴라니, 이병천·나익주 옮김, 《인간의 살림살이》, 후마니타스, 2017.

케이트 소퍼, 안종희 옮김, 《성장 이후의 삶》, 한문화, 2021.

티머시 모턴, 김지연 옮김, 《하이퍼 객체》, 현실문화, 2024.

한병철, 김태환 옮김, 《에로스의 종말》, 문학과지성사, 2015.
　　　　전대호 옮김, 《사물의 소멸》, 김영사, 2022.

헨리 지, 홍주연 옮김, 《지구 생명의 짧은 역사》, 까치, 2022.

후지따 쇼오조오, 이순애 엮음, 이홍락 옮김, 《전체주의의 시대경험》, 창비, 1998.

Bennett, Jane, *Vibrant Matter*, Duke University Press Books, 2010.

Berry, Thomas, *Evening Thought*, Counterpoint, 2006.

Ellis, E. C., *Anthropocene: A Very Short Introduction*, Oxford University Press, 2018.

Foucault, Michel, *The Order of Things*, Routledge, 2002[1966].

Goff, Philip, *Why?: The Purpose of The Universe*, Oxford University Press, 2023.

Lovelock, James, *The Ages of Gaia*, W. W. Norton & Company, 1995.
　　　　　　The Vanishing Face of Gaia, Basic Books, 2009.

Margulis, *Lynn, Symbiotic Planet*, Basic Books, 1998.

Mathews, Freya, *For Love of Matter*, State University of New York Press, 2003.

Dao of Civilization, Anthem Press, 2023.

Morton, Timothy, *The Stuff of Life*, Bloomsbury, 2023.
Dark Ecology, Columbia University Press, 2016.
Humankind, Verso, 2017.

Nedelsky, Jennifer · Mallison, Tom, *Part Time for All—Care Manifesto*, Oxford University Press, 2023.

Rees, Martin, *Our Final Century*, Heinemann, 2003.

Shani, Itay, Cosmopsychism: A Holistic Approach to the Metaphysics of Experience, *Philosophical Papers*, 2015, 44:3, 389-437.

Shaviro, Steven, *The Universe of Things*, Univ Of Minnesota Press, 2014.

Simon L. Lewis & Mark A. Maslin, *The Human Planet*, Yale University Press, 2018.

Suzuki, Nobuo, *Wabi Sabi: Wisdom in Imperfection*, Tuttle Publishing, 2023.

Vetlesen, A. J., *Cosmologies of the Anthropocene*, Routledge, 2019.

Wallenhorst, Nathanael & Wulf, Christoph(eds), *Handbook of Anthropocene*, Springer, 2023.

Whitehead, A. N., *Process and Reality*, (Corrected Edition), The Free Press, 1978[1922].
Modes of Thought, The Free Press, 1968[1938].
Adventures of Ideas, The Free Press, 1967[1933].

주석

1 물리학자이자 철학자인 장회익이 만든 개념으로, 지구상의 낱생명(개별 생물)이 자기의 생명 현상을 유지하기 위해 최소한으로 필요로 하는 생명 단위 또는 영역을 뜻한다. 온생명은 태양-지구 권역에서 자신을 펼치는 생명으로, 단순히 그 권역의 물리적 단위를 뜻하는 것은 아니다. 온생명은 자신을 알아보는 의식을 보유하고 있기 때문에, 그것을 일종의 의식적 주체라고 볼 수도 있다.

2 몇 종의 생물종이 1년에 사라지는지에 관한 연구와 그에 따른 추정은 엄청나게 어려운 작업으로 알려져 있다. 2014년의 한 연구에 의하면, 1년에 11,000종~ 58,000종이 사라지고 있다고 추정된다. Simon L. Lewis & Mark A. Maslim 2018: 248에서 재인용.

3 보통 '현실적 존재'라는 용어로 번역된다. entity가 단위체를 의미하므로 '현실체'라는 용어도 가능해 보인다. 하지만 여기서는 통례적 번역을 존중한다는 뜻에서 이 용어를 거의 그대로 쓴다.

4 'occasion'은 사건, 발생, 기회, 계기 등을 뜻한다. actual occasion에 대한 통상적 번역어는 '현실 계기'이지만 이 책에서 채택한 번역어는 '현실 사건'이다. 그렇게 번역해야 화이트헤드가 의도한 개념이 한국어 의미장 안에서 파악될 수 있다고 생각하기 때문이다.

5 '메타자연학', '메타물리학'이라는 단어는 오늘의 한국어 세계에서 당연히 사용되고 있지 않다. 대신 metaphysics는 '형이상학'이라는 말로 번역된다. 하지만 이 metaphysics라는 말은, 그 어의상, '자연학/물리학에 대한 메타 학문'을 뜻한다. 메타자연학, 메타물리학이라는 말은 metaphysics의 핵심을 쉽게 잡아낸다. 인간에게 가장 긴요한 학문은 물리학과 메타물리학이다.

6   사실 현실 존재물에 관한 화이트헤드의 서술은 일관되지 않는 경향이 있다. 어떤 경우엔 이것을 우주의 존재물의 기초 단위로서 논하고, 다른 경우엔 일반 단위로서 논하고 있다. (이것이 기초 단위로서 이해될 경우, 이것의 결합단위로서 결합체nexus라는 개념을 이해하게 된다. 그러나 때로 우리는 화이트헤드의 진술에서 이 결합체 역시 일종의 현실 존재물로서 생각되고 있음을 알 수 있다.) 따라서 우리 역시 기초 단위이자 동시에 일반 단위로서 이해하면 된다.

7   보통 '만족'이라고 번역되나 여기서는 '충족'이라는 번역어를 채택한다. 왜냐하면 '만족'이라는 단어는 그것이 발화되자마자 동물의 욕망 충족을 우리에게 환기하기 때문이고, 원자, 분자 단위의 물질에 적용하기에는 '충족'이라는 표현이 더 적당하다고 여겨지기 때문이다.

8   포착이라는 합생이라고 해도 된다. 어쨌든 포착을 대동한 합생이라는 뜻이다.

9   흔히 '명제'라고 번역된다. 여기서는 좀 더 대중 친화적인 언어로서 '제안'이라는 번역어를 채택했다. 이것은 화이트헤드가 창안한 또 하나의 개념으로서 영원한 객체와 현실 존재물이 융합된 존재를 말한다. 또는 주체가 느끼기를 기다리는 하나의 독특한 여건이다. 이 제안의 기능은 "느낌을 위한 유혹a lure for feeling"으로서 활동하는 것이다. 이 표현을 좀 더 단순화하면, 제안은 느끼라고 유혹하는 무언가로서 잠재적인 것이다.

10 여기서 이상은 물리적 실재일까? 아니면 화이트헤드만의 형이상학적 관념에 불과한 것일까? 필립 고프는 실재하는 물리적 장인 파동 함수 wave function로 인해서 기본 입자들이 특정 의향conscious inclination을 가지게 된다고 생각한다. 기본 입자들은 자유롭게 동시에 합리적으로 행동하는데, 그것은 파동 함수가 만들어낸 특정한 지향에 대한 합리적인 반응이라는 것이다. Goff 2023: 60.

11 화이트헤드의 '유기체'는 생물학적 의미의 유기체가 아니다. 오히려 오늘날의 합성물 정도의 의미를 띤다.

12 미미하지만 처음부터 있던 정신, 원형적이고 원시적인 형태의 정신. 만일 그런 것이 있었다면, 그것의 기원은 무엇일까? 최초 입자들의 미미한 정신적 면모는 어떻게 가능했던 것일까?

13 그런데 이 대멸종을 일으킨 산소는 당시 특정한 미생물들에 의해 배출된 기체였다(린 마굴리스, 도리언 세이건 2011: 131). 변형된 기체 환경이 대멸종을 일으켰다기보다는 광합성 능력을 갖추어 자기를 변형하기 시작한 미생물들이 다른 미생물들의 대멸종 사태를 일으켰다고 봐야 한다.

14 이 바다를 '생물을 살리는 일에 관심을 둔 바다'라고 표현할 수 있을까? 이 바다, 이 물질들의 거대한 운동은 사실 생물을 살리는 데는 크게 관심이 없는지도 모른다. 지구는 우리가 오래도록 '자연 재난'이라고 인지해왔던 기후격변을 초래하고, 홍수와 태풍, 해일과 지진, 산사태와 산불 같은 재난을 야기함으로써 생물 생산의 힘을 약화시키기도 한다. "막대한 반생산의 힘이 반복하여 생산의 장을 휩쓸고 간다"(이진경·최유미, 2024: 49). 이런 현상을 염두에 두고 수천 년 전에 노자는 "천지불인天地不仁"이라고 썼을 것이다(《노자》 5장). 그러나 지구가 반생산을 창출하겠다는 의도를 품고 그런 파괴 효과를 내는지는 의문이다. 지구 시스템의 분자 순환 운동, 그 운동에 얽혀 있는 여러 물질의 운동은 의도치 않게 특정 생기적 신체들(그 일부인 생물들)의 운동을 지원하거나 교란/파괴하는 효과를 낼 뿐이다. 그런데 어떤 신체들의 파괴와 죽음은 그 당자들로서는 불행한 사건일지 몰라도, 그것 자체가 다른 신체들의 생명을 키우거나 돌보는 데 직간접적으로, 장단기적으로 기여하게 된다. 무심결인 듯한 교란과 파괴는 살림과 돌봄이라는, 의도하지 않은 결과를 낳는다. 유기적 생명을 파괴하는 반생

산의 힘이 강렬했던 시기가 지구사에 없는 것은 아니지만, 그 시기를 지나면 생산이 힘을 발휘하는 시간이 오곤 했다. 40억 년 전, 생물을 태동시킨 이후 지구는 지금껏 생물을 완전히 버린 적이 없다.

15 이 장에 실린 글의 일부는 '돌봄과 한국의 밥상'이라는 제목으로 〈슬로매거진 달팽이〉와 〈얼룩소〉에 연재되었다.

16 일반 독자들에게는 중요하지 않은 이야기이지만, 정확하게는 나의 어머니의 어머니를 지칭한다.

17 한국에서 이 공간은 부엌, 정짓간, 증지, 증짓간, 부악, 벅, 비얶, 부식, 부석, 부삽, 부수깨 등으로 불렸다.

18 여기서 소멸과 탄생은 세대 교체 같은 것을 의미하는 것이 아니다. 특정 세대의 소멸과 새로운 세대의 등장 같은 것을 의미하는 것이 아니라는 말이다. 다만, 동시대 인간의 진화와 변화를 의미할 뿐이다.